Ammas hjerte

Bind 7

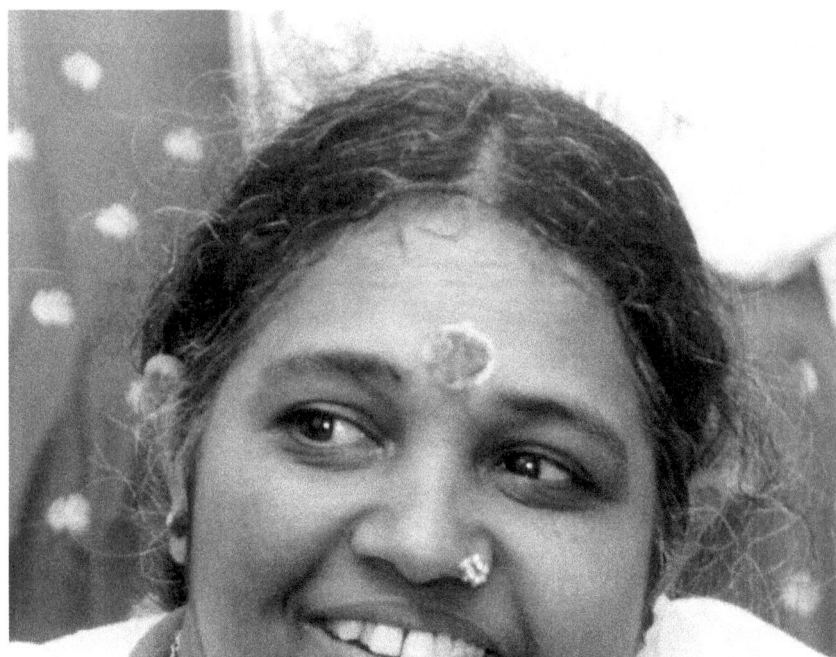

Ammas hjerte

Samtaler med Sri Mata Amritanandamayi

Bind 7

Oversat til engelsk af
Swami Amritaswarupananda

Mata Amritanandamayi Center, San Ramon
Californien, Forenede Stater

Ammas hjerte
Samtaler med Sri Mata Amritanandamayi
Bind 7

Udgivet af:
Mata Amritanandamayi Center
P.O. Box 613
San Ramon, CA 94583
Forenede Stater

———————— *Awaken Children 7 (Danish)* ————————

Første udgave af Mata Amritanandamayi Center: April 2016

Dansk hjemmeside: www.amma-danmark.dk

India:
www.amritapuri.org
inform@amritapuri.org

Denne bog er en ydmyg offergave ved
Sri Mata Amritanandamayis Lotusfødder
Det Strålende Lysende Legeme
som findes i alle væseners hjerter.

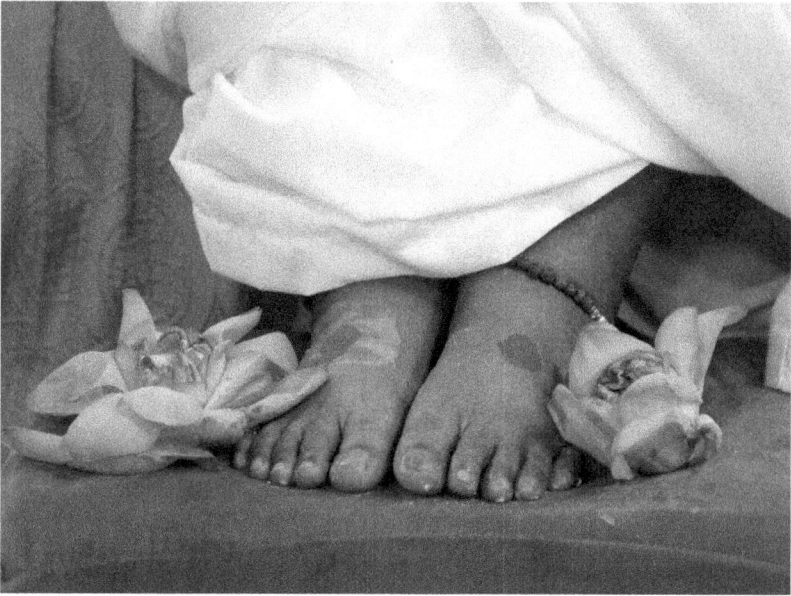

Vandeham saccidānandam bhāvātītam jagatgurum |
Nityam pūrnam nirākāram nirgunam svātmasamsthitam | |
Jeg bøjer mig for den Universelle Lærer, som er Satchidananda (Ren Væren-Viden-Absolut Lyksalighed), som er hinsides alle forskelle, som er evig, opfyldt, uden egenskaber, formløs og evigt forankret i Selvet.

Saptasāgaraparyantam tīrthasnānaphalam tu yat |
Gurupādapayōvindōh sahasrāmsena tatphalam | |
Hvilken fortjeneste man end har opnået ved pilgrimsrejser eller bade i hellige vande udstrakt til alle syv verdenshave, kan slet ikke sammenlignes med bare en tusindedel af den fortjeneste, der opnås ved at indtage vandet som har vasket Guruens fødder.

Guru Gita, verse 157, 87

INDHOLD

FORORD

At praktisere Vedanta i sit eget liv er at dykke dybt ned i det virkelige liv, at forstå og erfare livets storhed og fylde. Vedanta er ikke livsfornægtende; det er tværtimod livsbekræftende. Det er en iboende del af livet. Det handler ikke om noget uden for os selv, men lærer os noget om os selv og vores egen sande natur og virkelige eksistens. Det sande liv starter først, når man begynder at udforske sit eget indre Selv. På det tidspunkt begynder livets virkelige rejse. Amma siger: "Spirituel praksis skal være en lige så uundværlig del af vores liv som at spise og sove. Hvis vi ikke skaber balance mellem de spirituelle og materielle sider af livet, kan vi ikke opleve sand lykke, og vi er heller ikke i stand til at finde formålet med livet. Denne balance er livets kerne og det egentlige mål med Vedanta og andre af de sande religioner, der findes i verden." Denne bog, som er det syvende bind i serien *Ammas hjerte* er efter min mening indbegrebet af *Vedanta*. Det er den sikre vej til at få et lykkeligt og succesrigt liv. At læse denne bog er som at meditere, det er som at få et glimt ind i ens eget indre Selv.

I alle afkroge af verden finder man eksperter, som er blevet kendte inden for deres respektive områder. De holder foredrag og workshops om, hvordan man kan få et lykkeligt og succesrigt liv, de taler om stresshåndtering osv. Det er meget udbredt i vores moderne tider. I nogen udstrækning kan det være gavnligt at følge, men det virker ikke i det lange løb. Der vil kun være en midlertidig virkning. De fleste deltagere vil hurtigt vende tilbage til gamle vaner. Hvorfor vil de det? Årsagen er, at underviserne ikke selv har kraften til at trænge dybt ind i den virkelige årsag til problemet og fjerne den fuldstændig sammen med dens rødder. Kun en virkelig Mester som Amma formår at gøre det.

Denne tid er præget af frygt og ængstelse, det er en tidsalder, hvor vi oplever en dyb og pinefuld smerte. Hvordan kan man fjerne den smerte? Hvordan finder man vej i tilværelsen, så man kommer over på den anden side af smerten? Hvordan kan man bevare den indre fred og ro midt i kaos og forvirring? Her er vejen. Amma viser os vejen. Og hun gør endnu mere. Hun tager os ved hånden og fører os hele vejen hen til målet. Hvad er hemmeligheden? Amma siger til os: "Vær et vidne og fjern dig ikke fra tilværelses sande centrum. Hvil i Selvet og læg mærke til alt det, der sker. Alt vil være en smuk og meget dejlig leg, når man mestrer kunsten at være et vidne til alt. At være et vidne er ens egen sande natur."

I Sine samtaler med disciple og hengivne er Amma indbegrebet af den Højeste Sandhed. For at gavne Sine børn afslører Hun mange dybe niveauer af viden. Oplyst af vores elskede Ammas nektarfyldte og nådige ord bliver vejen meget klar. Vi skal blot gå hen ad denne klart optrukne vej. Vi skal ikke være bekymrede, der er intet at frygte, for Amma ved godt, at vi er børn, der tumler rundt. Derfor går Hun lige ved siden af os og holder os i hånden med et fast greb, alt imens hun hjælper og guider os med uendelig kærlighed og medfølelse. Sejren er vores.

Swami Amritaswarupananda
M.A. Math, Amritapuri
Kollam Dt., Kerala 690546
Indien

✤ ✤ ✤

De fleste begivenheder, som beskrives i denne bog, fandt sted mellem begyndelsen af oktober 1984 og januar 1986. Undtagelser er Ammas besøg til Meenakshi templet, som foregik i midten af 1977, Hendes meddelelse om afslutningen på Krishna Bhava, som fandt sted i oktober 1983, og digteren Ottoor Unni Nambootiripadus dødsfald den 25. August 1989.

✤ ✤ ✤

Kapitel 1

Ikke det begrænsede selv men den ubegrænsede Atman

Hvordan er det muligt for Amma at transformere så mange menneskers liv? Hvordan kan hun forvandle unge mennesker, som endnu ikke har haft mulighed for at nyde det verdslige livs mere kortvarige glæder? Der er mange, som stiller disse spørgsmål, både troende og ikke troende. Svaret er enkelt: Når vi er i nærheden af Amma og ser ind i Hendes øjne, får vi et glimt af vores eget virkelige Selv. Ammas øjne afspejler uendeligheden. Hele Hendes væsen giver os et glimt af en værenstilstand, som er mere vidtstrakt end sindet, og som er forbundet med fravær af ego. I Amma kan vi opleve vores egen renhed og renheden i den kærlighed, der ikke er bundet til egoet. Det er Selvets renhed (Atman).

Det svarer til, hvis man forestiller sig, at man har spist junk food hele livet. Men en dag får man for første gang et virkeligt nærende måltid, som smager fortræffeligt. Når man først har smagt den sunde, lækre mad, der oven i købet er let at få fat i, bliver man så ved med at spise junk food? Nej, lysten til at spise junk food forsvinder. I stedet får man lyst til at spise ordentlig mad, der smager godt. På lignende vis oplever man i Ammas nærvær udødelighedens nektar, man oplever den i hvert eneste af Hendes blikke, berøringer, ord og handlinger. Man får smag for den, fordi man heri finder sin egen egentlige natur, Atman. Man opdager også, at den lyksalighed ikke kan sammenlignes med nogen nydelse, som man tidligere har oplevet. Man erfarer for første gang, at man ikke kun er kroppen eller det lille begrænsede selv, men at man er det alt-gennemtrængelige kraftfulde ubegrænsede Selv, eller Atman (Gud). Eller som Amma udtrykker det: "Man erkender, at man ikke er et spagt lam, men en mægtig løve." Amma fortæller en historie, som illustrerer denne pointe. "En høne lå og udrugede et ørneæg, som var kommet til at ligge mellem de andre æg. Efter et stykke tid blev ungerne udklækket, og ørneungen voksede op sammen med kyllingerne. Han skrabede i jorden og søgte efter orme, ligesom de gjorde. Han var slet ikke bevidst om, at han var en prægtig ørn. Med tiden voksede kyllingerne og blev til haner og høns, og ørnen som troede, at han var en hane, blev ved med at bo i hønsegården. Han var blevet fuldstændig vildledt og identificerede sig helt og aldeles med sin tilværelse som en almindelig hane på gården. Men en dag var der en anden ørn, som fløj frit omkring højt oppe i luften, der fik øje på "haneørnen", som skrabede i jorden og spiste orme nede i hønsegården. Han blev meget forbløffet over, hvad han så, og besluttede sig for at frelse "haneørnen" og få ham til at indse, at der var sket en fejl. "Himmelørnen" afventede den rette mulighed for at få kontakt med haneørnen. Så en dag da haneørnen var alene, fløj himmelørnen ned til ham. Da haneørnen så den store ørn komme ned fra himlen, blev han meget forskrækket og begyndte at kagle som høns gør. Der gik ikke lang tid før hele hønseflokken havde samlet sig for at beskytte haneørnen. Den dag lykkedes det derfor ikke for himmelørnen at møde haneørnen, så han fløj op i himlen igen. Men et stykke tid senere havde haneørnen tilfældigt forvildet sig lidt længere væk fra hønseflokken. Omsider blev det muligt for himmelørnen at møde ham. Himmel-ørnen var meget langsom og forsigtig, da han nærmede sig haneørnen. På behørig afstand lykkedes det ham at fortælle, at han ikke var en fjende men en ven, og at han havde et meget vigtigt budskab. Haneørnen var mistænksom og forsøgte at løbe væk, men himmelørnen havde held med at lokke ham tilbage. Han forklarede haneørnen, at han ikke bare var en almindelig hane på gården, men at han selv var en prægtig ørn, som kunne flyve højt op i himlen. "Du kan godt gøre det, for du præcis ligesom jeg er – du har den samme kraft i dig, som jeg har. Kom og prøv det." Sådan søgte han at overtale haneørnen. I begyndelsen troede haneørnen ikke på det. Han troede endda, at der måtte være tale om en slags fælde. Men himmelørnen havde besluttet sig for ikke at give op. Han var meget tålmodig og hensynsfuld, og gradvist lykkedes det ham at vinde haneørnens tillid. En dag bad han haneørnen om at gå med hen til en sø, der lå i nærheden. Haneørnen, som nu var blevet mere fortrolig med himmelørnen, havde fået mere mod på at følge med ham. De stod sammen ved vandkanten, og himmelørnen sagde til hane-ørnen: "Se ned i vandet. Kan du se, hvor meget dit spejlbillede ligner mit?" Haneørnen så ned i det klare, stille vand. Han kiggede og kiggede og kunne knapt tro sine egne øjne. Han havde aldrig nogensinde før set sit eget spejlbillede, det var første gang i sit liv, at han så det virkelige billede af, hvem han var. Nu vidste han, at han slet ikke så ud som hane, men at han i virkeligheden lignede himmelørnen. Det gav ham en langt større tillid til himmelørnen. Han fik også mere tillid til sig selv. Fra da af begyndte han ubetinget at følge alle de anbefalinger, som himmelørnen gav ham. I begyndelsen var det svært for haneørnen at løfte sig over jorden. Men efter ganske kort tid kunne man se de to ørne stige op i himlen sammen og svæve rundt højt oppe i luften med majestætisk ynde."

Amma siger: "De fleste mennesker er som hane-ørnen. De lever livet uden at vide, hvor de i virkeligheden hører hjemme." Amma minder os om det: "Børn, I er det kraftfulde, altgennemtrængende Selv. Hele universet er jeres. I er universets herskere. I virkeligheden er I universet. Tænk ikke om jer selv, at I er ynkelige, kraftløse og begrænsede."

I Ammas nærvær får man et glimt af sin sande natur. I Hende kan man opdage sin sande identitet. Man bliver stille og ser på Hende med stor forundring. Det er første gang i ens liv, at man får en reel indsigt i, hvem man i virkeligheden er. Når Amma siger, at man ikke kun er kroppen, det lille selv, egoet, men at man er det Højeste Selv, går Hendes ord lige ind i hjertet. Det er fordi de ord kommer direkte fra den højeste Sandhed, fra selve *den* Højeste Atman. Hun overvinder os fuldstændig. Herefter hjælper Hun os langsomt til at stige op mod spiritualitetens højeste tinder. Vi har levet som haneørnen uden at vide, hvem vi i virkeligheden er. I Ammas nærvær oplever vi livets fryd. Med et indser vi, at vi ikke tilhører denne verden, fordi vi er det højeste Selv.

Når man identificerer sig med kroppen, sindet og intellektet, lever man som haneørnen i en vildledt tilstand. Vi er alle mægtige gyldne ørne, som kunne hæve os højt op mod den ubegrænsede spirituelle himmel. Alligevel lever og dør vi som høns i hønsegården uden at kende vores eget virkelige væsen.

Kapitel 2

Sindet er sindssygt

Amma sad og sang sammen med nogle *brahmacharier* og hengivne. En af *brahmacharierne* stillede et spørgsmål. "Amma, hvis vi virkelig er Selvet, hvorfor kan det så alligevel være så svært at erfare, at det er sandt?"

Amma svarede: "Sandheden er altid den sværeste ting og samtidig den letteste. For uvidende og egoistiske mennesker er det den sværeste ting at erkende. For de, som er videbegærlige og har et brændende ønske om at opnå denne viden, er det det letteste."

"Mennesker tænker kun på at nære egoet, ikke på at erkende Selvet. For at erkende Selvet, må man lære at lade sit ego sulte. Men uheldigvis formår de færreste mennesker at lade egoet sulte. De klynger sig i stedet mere og mere til det. Menneskets overvejende tilbøjelighed er at tiltrække sig så meget opmærksomhed som muligt. Man ønsker at blive bemærket og anerkendt og anser det for at være en grundlæggende rettighed. Det giver næring til egoet, som trives ved opmærksomhed. Men hvordan kan man opleve Selvet, når egoet hele tiden kræver opmærksomhed?"

"For at erkende Atman, må sindet gå i opløsning. Så længe sindet eksisterer, vil man være domineret af egoet."

"Mennesker peger på de psykisk syge mennesker og kalder dem 'sindssyge'. Men de ved ikke, at de også selv er grebet af den samme sygdom. Alle, som har et sind, er syge, fordi sindet er sindssygt. Når et menneske er psykisk sygt, viser det sig så tydeligt, at man kan se det. Men i dit tilfælde viser det sig ikke så åbenlyst, og derfor er det ikke lige så let at gennemskue. Men sindssygen er der, fordi sindet er der."

"Man kan prøve at betragte mennesker, som bliver ophidsede, ængstelige eller vrede. De bliver rent faktisk grebet af sindssyge. Vrede er i virkeligheden en midlertidig sygdomstilstand i sindet, og det samme gælder ophidselse og ængstelse. Når man er ekstremt vred, bliver man ude af sig selv og sindssyg; man taler og handler på en afsindig måde. Det er en midlertidig tilstand, hvor man mister sin mentale balance. Når en sådan tilstand bliver permanent, kalder vi det psykisk sygdom. Hvis man giver for meget efter for sindet og ikke formår at kontrollere det, bliver man psykisk ustabil og sindssyg."

"Sindet er egoet, og det får et menneske til at være meget selvcentreret. I stedet for at være selvcentreret, skal man lære at blive centreret i Selvet (Atman), som er det virkelige centrum i tilværelsen. Det kan kun ske, når sindet ikke længere findes. Egoet må dø. Kun derved er det muligt at blive grundfæstet i *sakshi bhava*-tilstanden (bevidstheden om at være et vidne)."

"Egoet er den største forhindring på vejen mod Sandheden. Egoet eksisterer ikke i virkeligheden, både sindet og egoet er falske.[1] Vi tror, at sindet og egoet vejleder os, men tager fejl; sindet og egoet fører os væk fra vores sande natur. Sindet og egoet har ingen kraft i sig selv; kilden til deres kraft er i Atman, vores virkelige eksistens. Atman er vores sande Mester. Men vores liv er kontrolleret og vildledt af sindet og egoet, som er falske mestre. De nøjes ikke kun med at føre os på vildspor, de skjuler også vores sande naturs ansigt, så vi ikke kan genkende det. Man skal være klar over det og forsøge at komme ud af egoets og sindets begrænsede skal. En lille spire kan ikke vokse og blive til et stort træ, førend frøets ydre skal

---

[1] Sindet har fire forskellige funktioner eller aspekter. Det er: Sindet = evnen til at tvivle; chitta = hukommelsen, opbevaring af minder; buddhi = evnen til at afgøre; ahamkara = egoet, som er følelsen af "Jeg" og "min". Disse navne bruges alle om sindet, som omtales ved forskellige navne, når man ønsker at fremhæve forskellige af dets funktioner.

går i stykker og dør. På samme måde kan den indre Sandhed ikke erkendes, førend egoet dør. "

Egoet lever af opmærksomhed

Spørgsmål: "Amma, Du sagde, at egoet lever af opmærksomhed. Hvad mener Du med det?"

Amma: "Børn, det foregår hele tiden. Det sker hver dag og hvert øjeblik. At kræve opmærksomhed er en del af den menneskelige natur. Uanset om vi er bevidste om det eller ej, gør vi alle krav på den. Mennesker har en iboende tilbøjelighed til at finde på forskellige måder at tiltrække sig andres opmærksomhed. Selv et barn ønsker opmærksomhed. Sindet og egoet kan ikke eksistere uden at få den."

"Manden ønsker sin kones opmærksomhed, og hun ønsker hans opmærksomhed. Børn kræver deres forældres opmærksomhed. Mænd søger kvinders opmærksomhed, og kvinder ønsker at blive bemærket af mænd. Mennesker vil gøre alt for at få opmærksomhed. Hele verden kræver opmærksomhed, og denne tilbøjelighed ser vi også hos dyrene. Den eneste forskel er, at dyrene finder andre måder at søge den på. Alle, som har et sind og et ego, har brug for opmærksomhed og kan ikke eksistere uden at få den."

"De ting mennesker gør for at få andres opmærksomhed er ens i alle lande. Det kommer til syne på en meget tydelig måde blandt teenagere. Nogle af de ting, de gør for at tiltrække sig opmærksomhed, særligt fra det andet køn, er ofte ganske fjollede. Men de gør det, fordi de er helt grebet af sindet og egoet i den periode af deres liv. Sindet er sindssygt. Kan der komme andet end skøre ting ud af at være underkastet sindet? Resultatet af et sindsygt sind kan kun være vanvid."

"Når man vokser op, vil ens sind og ego også vokse. Men med tiden bliver de mere subtile, og derfor bliver ens måder at tiltrække sig opmærksomhed også mere subtile. Selvom måderne at tiltrække sig opmærksomhed ikke er så tydelige som før, er behovet der stadig."

"En gang hørte Amma denne historie:

En journalist ville skrive en artikel om byens borgmester. Journalisten ønskede at finde ud af, hvad byens borgere mente om borgmesteren, så han interviewede en stor del af byens indbyggere og spurgte til, hvad de tænkte om manden. Alle havde noget at sige om borgmesteren. Han blev anset for at være ufølsom og korrupt; han blev anklaget for alt det, der gik galt i byen. Der var også mange, der sagde, at de havde fortrudt, at de nogensinde havde stemt på ham. Han var en yderst upopulær borgmester. Så mødte journalisten omsider borgmesteren og spurgte ham, hvordan han blev lønnet for sit arbejde. Borgmesteren forklarede, at han slet ikke fik nogen løn. "Når du ikke tjener noget på det, og når du tydeligvis ikke er særlig afholdt, hvordan kan det så være så vigtigt for dig at beholde din position som byens borgmester?" spurgte journalisten. "Jeg kan godt fortælle dig, hvad grunden er – men du må bare ikke skrive det nogen steder," sagde borgmesteren. "Det kan godt være, at jeg er upopulær, men jeg nyder al den ære og opmærksomhed, jeg modtager."

"Mange mord bliver begået ene og alene ud fra menneskers ønske om at få opmærksomhed. Egoet kan nå et sådant klimaks, at man endda overvejer at få opmærksomhed gennem ekstremt grusomme handlinger. Vi ser den slags ske rundt omkring i hele verden."

"For et par uger siden kom en ung mand og mødte Amma. Han tilstod skamløst, at hans største ønske var at blive berømt. Han fortalte Amma, at han nærede et intenst ønske om at se sit navn og billede i en af de store aviser. Amma talte med ham i et stykke tid og forsøgte at få ham til at indse det forkerte i den holdning. Til sidst begyndte han at forandre sig og fortrød, hvad han havde sagt. Han var ganske enkelt ærlig, og derfor fortalte han helt åbent Amma om, hvad han ønskede sig. Men er det ikke det, de fleste mennesker længes efter? De er bare ikke lige så ærlige som han er; de siger aldrig, hvad de føler. Der er en stor mur mellem mennesker, mellem individet og samfundet. Mennesker har mistet deres åbenhed, fordi egoet er blevet så fremherskende. De er kun optaget af at tilgodese sindets behov og af at opfylde egne ønsker."

"Når et barn græder, beder det om opmærksomhed. Alle ambitioner og ønsker er baseret på egoets stærke og dog subtile ønske om opmærksomhed. Når man ønsker at opnå succes inden for sit fag, søger man opmærksomhed. Man ønsker ikke at være et almindeligt menneske. Man forsøger at være noget særligt, bedre end andre. Man kan ikke bare være tilfreds med det, man er. Man oplever et behov for at modtage anerkendelse og ære. Den slags sker, fordi mennesker ofte er mere til stede i deres sind end i deres hjerte. Amma siger ikke, at man ikke må have den slags ambitioner. Det er i orden at have dem, men det skal ikke få en til at føle sig alt for stolt eller egoistisk. Man skal ikke blive alt for grebet af sindet og dets begær."

"En videnskabsmand kan blive en bedre videnskabsmænd, hvis han lærer at være mindre egoistisk. En politiker kan være et bedre eksempel og inspirere flere mennesker, hvis han lærer at arbejde mere ud fra sit hjerte end ud fra sit sind. En idrætsudøver kan opnå mere, hvis han er i stand til at kontrollere sit ego."

"Jo mere egocentreret, man er, des mere følsom bliver man i forhold til alle mulige ting. Man forventer, at andre mennesker skal tale meget pænt til en. Man afkræver en form for respekt fra andre, som man måske ikke fortjener."

"Amma har mødt en musiker, som kræver at blive behandlet med meget stor respekt. Han er en talentfuld musiker, men på grund af overdreven stolthed, er hans personlighed blevet frastødende. En dag var der en af hans beundrere, som også selv var meget musikalsk anlagt, der kom med en kritisk kommentar til måden, han sang en klassisk indisk sang. Kritikken blev givet foran en lille gruppe mennesker, som bestod af musikeren og nogle af hans beundrere. Men desværre var musikeren ikke i stand til at modtage kritikken, selv om den blev givet til ham på en meget mild og respektfuld måde. Han anså det for at være en fornærmelse og langede ud efter manden, som han slog på lige foran alle de andre tilstedeværende."

"De forskellige typer egocentrerede mennesker, der findes, er alle meget bange for ikke at blive anerkendte. De er bange for at miste deres vigtige position. De kan overhovedet ikke forestille sig at miste den, fordi den er hele fundamentet for deres eksistens. Deres ego lever af den beundring og respekt, som andre udviser dem. Hvis de ikke får den, bryder de sammen. Hvis andre ikke anerkender dem eller viser den respekt og anerkendelse, de ønsker, bliver de irriterede og farer op i vrede. På grund af egoet og oplevelsen af at være så vigtig, kan de ikke klare nogen form for kritik, heller ikke selv om den er konstruktiv. De føler sig meget sårede, når nogen stiller spørgsmålstegn ved noget, der handler om dem selv. De ønsker altid at være midtpunktet i en samtale, især hvis de selv er til stede. Hele deres liv handler om, hvad de kan få ud af andre. Når den slags mennesker på et tidspunkt går på pension, er minderne om fortiden den eneste kilde til underholdning, de har. De lever i fortiden, fordi det var den gang, de fik mest opmærksomhed. De har det elendigt, når de går på pension. Årsagen er, at egoet ikke længere kan blive næret af andet end minderne om fortiden. Enten dvæler de ved fortiden, eller også holder de sig i nærheden af nogle brændende tilbedere, som kan minde dem om deres fantastiske fortid."

"Lyt til den følgende interessante historie:

Den endelige opløsnings tid var afsluttet, og den næste skabelse skulle til at begynde. Skaberen Brahman havde udklækket en mangfoldighed af arter og skulle til at fordele livstider til hver art. Han begyndte med mennesket. Han gav mennesket en livstid på tredive år. Men det var mennesket ikke tilfreds med og forlangte derfor et længere liv. Brahman svarede, at en livstid ikke bare tilfældigt kan gøres længere, fordi det samlede antal år, der var givet til alle levende væsener, allerede var blevet fastlagt. Men mennesket insisterede alligevel på et længere liv. Han bad og plagede Brahman, indtil Herren omsider sagde: "Okay, lad mig se, om jeg kan hjælpe dig. Du kan stå her ved siden af mig og vente. Jeg vil kalde på de andre skabninger nu. Hvis der er nogle af de andre arter, som ikke ønsker hele den livstid, de har fået tildelt, vil jeg lade dem beslutte, hvor længe de så vil leve. Jeg vil give dig den tid, der bliver tilovers fra de andre arter." Mennesket adlød med glæde og stod ved siden af Skaberen, mens Han kaldte på de andre arter.

Brahman kaldte først på oksen og gav den en livstid på fyrre år. Oksen sagde: "Åh, Herre, jeg kan slet ikke bære at få sådan et langt liv. Vær nådig ved mig og skær det ned til halvdelen." Det gjorde Brahman, og så overførte han de resterende tyve år af oksens liv til menneskets liv. Mennesket var glad for at have et liv, som nu kunne vare i halvtreds år.

Så kaldte Herren Brahman på æslet, som havde fået halvtreds leveår. Med sørgmodig stemme sagde æslet: "Åh, min Herre, vær ikke så grusom! Det havde været bedre, om du slet ikke havde skabt mig. Min Herre, jeg ønsker ikke at leve så længe. Femogtyve år er mere end nok for mig. Vil du ikke være sød at lade være med at give mig flere år?" Således fik mennesket skænket femogtyve år til. Nu var menneskets levetid i alt blevet femoghalvfjerds år. Men mennesket stod stadig forventningsfuldt og ventede på at se, om det var muligt at opnå flere år.

Så kaldte Brahman på hunden, som han ville velsigne med en livstid på tredive år. Men hunden begyndte at hyle og protestere. Den sagde til Herren: "Åh nej, min Herre! Jeg ønsker ikke at være på jorden i mere end femten år." På den måde fik mennesket femten ekstra års levetid i bonus.

Så vendte Brahman sig om for at se, om mennesket nu var blevet tilfreds. Men nej! Han var stadig ikke tilfreds. Den femte art, der blev kaldt frem, var ormen. Brahman foreslog ham at leve i ti år. Det fik næsten ormen til at besvime. Den plagede Skaberen: "Åh Herre, jeg gyser ved tanken om så langt og ynkeligt et liv. Vær god ved mig, og sørg for, at jeg kun får et par få dage i levetid". Mennesket blev igen meget glad for at modtage nogle ekstra leveår, som fik den samlede levetid op på hundrede år. Da mennesket således havde modtaget et livsforløb på hundrede år, dansede det lykkeligt og lystigt omkring og fejrede det. Herefter begyndte mennesket at leve på jorden.

"Børn, indtil tredive års alderen er livet en uddannelsestid for mennesket – en tid uden bekymring og ansvar, hvor man kan leve et sorgløst og afslappet liv. Så gifter man sig. Fra da af bliver livet som oksens liv. Ligesom en okse knokler med at trække vognen, anstrenger mennesket sig for at trække sin families tunge vogn. Sådan når mennesket frem til halvtredsårsalderen. Mennesket bærer stadig den tunge byrde med ansvaret for familiens liv. Han har ikke længere den sundhed og kraft, som han oplevede i sine unge dage og begynder også at blive doven. På dette stadie kan hans liv sammenlignes med æslets liv, eftersom han nu gennemlever de år, som han blev givet af æslet."

"Når æslets år er omme, er mennesket helt udmattet, han har mistet sine kræfter. I de næste femten år af sit liv kan han ligesom en hund passe på huset og se efter børnebørnene. Det meste af tiden sidder han alene, eller han ligger for sig selv og får ikke opmærksomhed fra nogen, hverken børn eller børnebørn. Han bruger al sin tid på at tænke på fortiden og de gamle minder."

"I de sidste ti leveår, som mennesket fik fra ormen, er mennesket kravlende og hjælpeløst på grund af alderdom og sygdom. Krop og sanser er uden energi, og det svækkede menneske må ligge og hvile sig, mens det grubler over den fortid, der er forbi. Til sidst forlader mennesket livet ligesom en orm. Den frygtelige afslutning på et sådant liv er mærket af fortvivlelse, fortrydelse og lidelse."

De hengivne trak på smilebåndet og grinede lavmælt, mens de lyttede til historien og reflekterede over de mange lighedspunkter med livets gang. Amma smilede til dem og sagde: "Børn, lær at leve som om I aldrig har eksisteret. Kun på den måde kan I leve i Sandheden."

Kapitel 3

Sakshi bhava (vidnetilstanden)

Brahmacharierne og nogle få hengivne fra vesten sad omkring Amma i udkanten af ashrammens område. En af de vestlige hengivne spurte om *sakshi bhava*, oplevelsen af at være et vidne til alt.

Spørgsmål: "Amma, Du nævnte *sakshi bhava* eller vidnetilstanden for et par dage siden. Er vidnetilstanden en måde sindet kan fungere på eller er oplevelsen noget, som er hinsides sindet?"

Amma: "Nej, det er ikke en måde, sindet kan fungere på. *Sakshi bhava* er en tilstand, hvor man forbliver uanfægtet og uberørt. Det er en tilstand, hvor man betragter alt, hvad der sker, uden at sindet og tankerne forstyrrer. Sindet består af tanker. Det formår kun at tænke og tvivle. I den højeste vidnetilstand er man konstant forankret i sin sande natur.

"I *sakshi bhava* bliver man et vidne til alt. Man betragter ganske enkelt alt. Der er ingen tilknytning eller involvering. Man ser alt ske. Man vil endda være vidne til sine egne tanker. Når man bevidst observerer sine tanker, tænker man ikke – man gør ikke noget. Man er stille. Man betragter blot det hele, og man kan nyde det uden at blive bevæget eller anfægtet af noget. Hvordan skulle sindet kunne befinde sig i en sådan tilstand? Sindet kan kun tænke, tvivle og klynge sig til ting. Sindet kan ikke være et vidne."

"Tankeprocesser hører til sindet, mens evnen til at være et vidne hører til det højere Selv. Vidnetilstanden er at dvæle i Ren Bevidsthed. Sindet og tankerne er ikke virkelige. De er historier, vi selv skaber. Kun bevidsthed er virkelig. Det kan virke helt naturligt at tænke, men det er ikke naturligt. Det er ikke en del af ens sande eksistens. Det eneste, tankerne og egoet formår at skabe, er rastløshed og ophidselse. De tilhører ikke ens Selv, og man vil blive ved med at være rastløs, indtil de er udryddet."

"Vidnetilstanden er en tilstand, hvor man betragter alt med fuldstændig opmærksomhed. I *sakshi bhava*-tilstanden er man fuldt bevidst. Når man omvendt er identificeret med sindet og tankerne, er man ikke bevidst – man befinder sig langt fra Ren Bevidsthed. Man er i mørket og kan ikke rigtigt se noget. Sindet ser kun den ydre verden, tingenes ydre former. Det ser aldrig noget, som det er, fordi man aldrig ser, man tænker kun. Og når man tænker, går man glip af at erfare tingene, som de er."

"At være eftergivende og holde fast på de tanker, der samler sig, skaber bare flere tanker, og flere tanker fjerner en endnu mere fra det virkelige center. For at være et vidne må man være grundfæstet i den højeste tilstand, hvor man ikke er knyttet til noget. Et sind, der fæstner sig ved ting, kan ikke være vidne til, at ting sker. Det tænker kun på 'jeg' og 'mit'. I vidnetilstanden er der ingen oplevelse af 'jeg' eller 'min'. Man kommer hinsides den slags begrænsede, snævertsynede tanker."

Det virkelige center findes indeni

"Når man bliver et vidne til alt, holder man op med at stille egoistiske krav. Man anser både "mit" og "dit" for at være en del af den Højeste Bevidsthed. Når man er forankret i den tilstand, er der ikke noget, der kan såre eller påvirke en. Man har fjernet sig fra sindet og er ikke længere identificeret med kroppen. Kroppen er der, men det er som om, den er død. Den ydre verden og alt det, andre siger og mener er ikke længere vigtigt. Man er klar over, at man i virkeligheden ikke kan gøre andre mennesker tilfredse eller utilfredse. Nogle gange opfører man sig, som om man er skør, andre gange virker man som et almindeligt menneske. Det ene øjeblik virker man knyttet til ting, og det næste øjeblik kan man være hinsides enhver form for tilknytning – fuldstændig sorgløs og uanfægtet. Man kan være ekstremt kærlig og forstående, og det næste øjeblik kan man virke fuldstændig blottet for kærlighed. Alt i alt vil der være noget uforudsigeligt ved den måde, man fremtræder på."

"Når man har opnået *sakshi bhava*-tilstanden, kan man være i hvilket som helst humør og bevæge sig mellem alle bevidsthedsniveauer, fra det højeste til det laveste og vice versa. Men samtidig er man blot et vidne til det hele. Alt bliver ligesom et smukt og fornøjeligt skuespil – en vidunderlig leg. Udefra set vil andre bemærke, at man skifter humør, eller at man bevæger sig fra et sted til et andet; men indeni er man ubevægelig. Man fjerner sig aldrig fra virkelighedens center. Det virkelige center findes indeni. Det kan ikke findes i den ydre verden."

"Når man er grundfæstet i det virkelige center, fjerner man sig ikke. Man hviler konstant i det. Samtidig kan man bevæge sig ubegrænset og på uendeligt mange måder uden at forlade centret. Man bliver Gud, og Gud kan bevæge sig uendeligt. Der findes ingen begrænsninger."

"Når man er forankret i eksistensens center, kan man se bort fra alt, hvis man ønsker det; eller hvis man ønsker at smile til alt og alle, kan man gøre det. Hvis man slet ikke ønsker at spise eller sove, er der ikke brug for det. På den anden side kan man også spise lige, hvad man har lyst til. Hvis man ønsker at sove i et helt år, er det også muligt. Men indeni er man vågen – helt vågen. Selvom man ser ud som om, man sover, sover man overhovedet ikke, og selvom man ser ud til at spise, spiser man ikke noget. Hvis man ønsker at blive i kroppen, er det muligt. Men hvis man ønsker at forlade kroppen, kan man også gøre det. Hvis man har forladt kroppen, kan man når som helst man ønsker det, vende tilbage til den igen. Hvis man ikke ønsker at vende tilbage til kroppen, kan man forblive, hvor man er. Man kan vælge hvilken livmoder, man vil ind i, og hvilken slags krop man vil få. Alt er muligt.

Folk siger, at man gør noget, men man ved, at man ikke gør noget. Man betragter bare alt, man er et vidne til det, der sker. Vidnetilstanden indfinder sig kun, når man bliver helt og aldeles frigjort fra sindet og tankeprocesserne. Så bliver man fuldt bevidst om alt, selv sine egne tankeprocesser. Den sprituelt søgende kan øve sig i at indtage denne holdning til alt og lade det være en del af sin spirituelle vej. "

Vær fuldt bevidst

Spørgsmål: "Amma, hvad mener Du med, at man kan være bevidst om sine tankeprocesser?"

Amma: "Kan man se en tanke opstå i sindet? Kan man se, hvordan tanken arbejder sig frem, og hvordan den dør ud? Når man bliver i stand til meget klart og tydeligt at se tanken, mister den sin kraft. Når man identificerer sig med en tanke, får den kraft, og tanken vil kulminere med en handling. Når man ikke identificerer sig med en tanke, har den ingen kraft. Den bliver svag og inaktiv. Når man ser en tanke og ikke identificerer sig med den, bliver man vidne til den. Når man er vidne til tanken, er man fuldt bevidst. Man tænker ikke, hvilket betyder, at man ikke identificerer sig med nogen tanker. Når man er vidne til alt, er der kun bevidsthed."

"Man kan eksempelvis se to mennesker skændes med hinanden. Mens man er vidne til deres skænderi, tager man ikke del i det, og man har ikke noget at gøre med det. Man er bevidst om det og betragter det med fuld bevidsthed. Når man er vidne til noget, er man opmærksom. Man er fuldt vågen. Bevidstheden er ikke overskygget af noget, man ser alting klart og er ikke berørt af det, man ser."

"Men hvad med dem, der skændes? De deltager i skænderiet. De ser intet, fordi de er fuldstændig fanget i en ubevidst sovende tilstand. Negativ energi og negative følelser som vrede, had og behov for hævn overskygger deres sind og gør dem blinde. Når den negative energi er fremherskende, er man ikke helt bevidst, og derfor kan man ikke være et vidne. Sindet består af negativ energi. Tankerne er negativ energi, og fortiden er negativ energi. At blive et vidne indebærer, at man er fuldstændig vågen. Man bliver bevidst om alt, hvad der sker både indeni og udenfor. Men i virkeligheden findes der hverken et indeni eller et udenfor. I den højeste vidnetilstand bliver man altings center, og man betragter alle de forandringer, der sker. Forandringerne påvirker ikke en, fordi man er blevet centeret. Man er blevet selve livskraften i alt. I vidnetilstanden kan man blive et med den højeste, kosmiske Energi."

Spørgsmål: "Amma, Du sagde, at når vi bliver vidne til ting, vil intet påvirke os. Men i modsætning til det, Du fortæller, siger man, at selv *Mahatmaer* synes at lide under fysiske smerter."

Amma: "Søn, det er rigtigt. Det er sandt, at det virker som om, at de lider, det er helt sandt. De lider aldrig, men det *virker som om,* de lider. Når man bliver vidne, kan man endda være vidne til kroppens død. Man vil ganske enkelt være et vidne til den lidelse, ens krop gennemgår.

"Lyt til denne historie: "Der var en gang en helgen, som levede ved Ganges flodens bredder. Han var fuldstændig fordybet i Gudsbevidsthed, og i den tilstand gentog han hele tiden mantraet "Shivoham, Shivoham" (Jeg er Gud, Jeg er Gud). Denne helgens uophørlige gentagelse af mantraet kunne høres af de *sannyasins,* som holdt til ved flodens anden bred. Mens han en dag sad ved flodbredden og gentog det sædvanlige "Shivoham, Shivoham" kom en løve ned fra Himalaya skovene, og den nærmede sig stedet, hvor han sad. De *sannyasins,* som holdt til på den anden flodbred så skrækslagne til, mens løven var ved at kaste sig over helgenen. Fra den anden side af floden råbte de: "Pas på løven! Skynd dig at løbe væk eller spring i vandet!" Da helgenen opdagede, at løven var ved at angribe ham, blev han overhovedet ikke bange. Han accepterede det, der var ved at ske, fordi han vidste, at tiden var kommet, hvor hans liv skulle høre op. Mens han hvilede i en tilstand af enhed med alt i skabelsen, oplevede han ingen forskel eller adskillelse mellem sig selv og løven. Han og løven var et, og det var ham selv, der brølede gennem løven. Han blev siddende, hvor han var, og fortsatte roligt med at gentage mantraet "Shivoham, Shivoham". Dyret kastede sig over hans krop. Der kunne man erfare et vidunder! Denne helgen blev bare ganske roligt ved med at gentage mantraet "Shivoham, Shivoham" som om det var ham selv i form af løven, som fik stillet sin sult. Gennem hele den seance, der udspillede sig ved hans død, opførte denne helgen sig som om, der ikke skete ham noget."

"Man kan få kiks, som er fabrikeret, så de forestiller forskellige former for dyr. Der er for eksempel tiger- og kaninformede kiks. Tror man, at den tigerformede kiks er en tiger, bare på grund af dens form? Og hvis man ser en tiger- og kaninformet kiks, som befinder sig i nærheden af hinanden, tror man så, at kaninen har grund til at frygte tigeren? Tror man, at den kaninformede kiks føler sig bange for, at den tigerformede kiks skal spise den? Nej, det gør man selvfølgelig ikke, fordi der grundlæggende talt ikke er nogen forskel. De forskelligt formede kiks består af præcis samme ingredienser. Det er det samme som at vide, at ens sande natur er Atman. Man bliver et uanfægtet, upersonligt vidne, som betragter alt med fuldkommen bevidsthed. Man er klar over, at alle de forskellige former og fænomener, alle levende væsener og alle livets forhold består af den samme underliggende ingrediens – det Højeste Selv."

"Sindet er fortiden. Når man dør i forholdet til sin fortid og ikke længere er en del af den, vil man pludselig være fuldt bevidst. Så er fortiden bare en livløs ruin. Når man skiller sig af med den, vil man lære, hvordan man kan være et vidne. Når man dør i forhold til sin fortid og alle sine tanker og minder, vil man være fuldt til stede i nuet. Når man virkelig eksisterer i nuet, er man blot et vidne til alt. Sindet kan kun eksistere så længe, der er tanker. Når tankerne forsvinder, forsvinder fortiden også, og man hviler i sit eget Selv. Selvet foretager sig ikke andet end at være et vidne. Selvet er ikke en person – det er Ren Opmærksomhed. Det er fuldstændig løsrevet fra alle fænomener. Det er en tilstand, hvor man er det eneste subjekt, kernen i eksistensen."

"Børn, på nuværende tidspunkt lever I uden at være bevidste. I kan måske undre jer og tænke: "Hvordan er det muligt for mig at være ubevidst? Jeg går, spiser og trækker vejret, og alligevel siger Amma, at jeg lever uden at være bevidst. Selvfølgelig er jeg bevidst! Hvordan kunne alle de ting ellers ske indeni mig eller omkring mig?" Man kan finde hundredvis af argumenter for at bevise, at man er bevidst, men sandheden er, at det er man i virkeligheden ikke."

"Søn, man kan sige, at man er helt vågen, fordi man går, spiser, trækker vejret og ser ting. Det kan godt være, at man gør alle de ting. Men søn, hvor mange gange om dagen er du virkelig opmærksom på dine hænder og ben, din tunge, din mund eller din vejrtrækning? Selv når man spiser, er man ikke bevidst om den hånd, man spiser med, eller tungen i munden; når man går, er man ikke bevidst om sine ben – og trækker man vejret bevidst? Er man opmærksom på øjnene, når man ser sig omkring og får øje på alt det smukke og grimme rundt omkring? Selv når ens øjne er vidt åbne, er man da bevidst om dem? Nej, det er man slet ikke. Man gør alt muligt, men man gør det ubevidst. Man lever et liv, som er ubevidst. Alligevel er man ivrig efter at erklære, at man er bevidst, og at man lever et liv, der er bevidst. Derfor skal man vågne op og blive bevidst."

Amma holdt op med at tale og begyndte at meditere. Efter et stykke tid åbnede Hun øjnene og bad Br. Balu om at synge en *kirtan*. Han sang

Nirkkumilapol Nimishamtram

Hele skabelsen opstår og forgår
som en bobbel i et øjeblik
Man kan ikke forstå fænomenet
førend sindet forsvinder

Sindet vil først forsvinde når man indser
at sindet er en illusion
Man kan ikke forstå sit eget sind
det er omgivet af mørke

Sindet kan ikke forstå sindet
fordi det skjuler sit eget væsen
Men sindet vil tale om
at det har viden

Man finder ud af
at sindet intet ved
Viden opnår man ved at holde sindet roligt og stabilt og ved
tapas

Hvis man virkelig har forstået
så vil man vide at sindet ikke eksisterer
at sindet er et ikke-sind
og at når sindet ikke er
vil alt skinne som Atman det Rene Selv

Kraften til at vidne findes indeni

Da sangen var forbi, talte Amma videre om at være et vidne.

"Oplevelsen af at være et vidne kan man indimellem opleve i hverdagen. Det er bare et spørgsmål om at blive opmærksom på det. Man er på rette spor, når opmærksomheden på det opstår, og når man får smag for glæden og lyksaligheden ved den."

"Man kan forestille sig, hvorledes en mand skændes med sin kone, hvordan de skælder og smælder på hinanden og bruger de værst tænkelige ord. Så kommer det par, som bor ved siden af dem, derhen, fordi de har hørt al den råben og vil se, hvad der er sket. De gør alt, hvad de kan, for at berolige og trøste det par, som skændes, men de bliver ved med at være rasende på hinanden og skændes. Naboerne forsøger at tale dem til ro og giver dem alle de gode råd, de kan komme i tanke om. Naboerne udviser stor selvkontrol og bevarer fatningen, mens de forsøger at håndtere den indviklede situation."

"Hvordan kan de være så rolige og uberørte? Fordi de kun er vidner til skænderiet, de deltager ikke i det. De er ikke så overvældede og oprørte som dem, der skændes. Fordi de er langt mere rolige, er de i stand til at være gode rådgivere. Parret, der skændes, er derimod helt overskygget af de oprørte tanker og den mørke, negative energi, de udsender til hinanden. De er helt ophidsede og indhyllede i sindets mørke, både indeni og udenpå. De formår slet ikke at se noget. Fordi de er helt identificerede med alt det negative i sindet, formår de ikke at se klart på situationen og være et vidne til den. Det andet par, som ikke er ophidset, kan derimod danne sig et bedre billede af situationen. De er mere oplyste, fordi de ikke er nær så opslugte af situationen, og derfor kan de også bedre træde nogle skridt tilbage og være vidner til begivenheden. De er ikke blevet fuldstændigt forblændede. De ophidsede tankers slør fylder mindre i deres sind sammenlignet med det andet par. Men det modsatte ville være tilfældet, hvis de selv kom op at skændes. Så ville det i stedet være deres naboer, som skændes, der kunne træde et skridt tilbage og være vidner til begivenheden, og så ville det være naboernes tur til at komme med gode råd."

"Eksemplet viser, hvordan kraften til at være et vidne findes indeni alle mennesker. Det viser også, at det kun er muligt at være et vidne, når sindet er roligt og stille, og når man ikke er knyttet til situationen. "

"Hvis denne evne til at være et vidne til situationen kan forekomme i nogle af livets øjeblikke, burde vi være i stand til at opleve det hele tiden og i alle situationer. Det er kun muligt for os at opnå det, fordi det er vores virkelige væsen. "

"I eksemplet ovenfor eksisterer sindet stadig. Det er mere roligt i det øjeblik, hvor man er vidne, men ophidselsen vil vende tilbage. Det er meget vanskeligt at forblive et vidne, når der opstår meget vanskelige omstændigheder i vores liv."

"Over hele verden findes psykoterapeuter, rådgivere og naturlæger, som arbejder med at helbrede menneskers psykiske og fysiske problemer. De er eksperter på deres områder, men de er knyttet til deres profession og mange andre ting. Man kan ikke være et vidne så længe, man er knyttet til noget. Et menneske, som har knyttet sig til mange ting, formår ikke virkelig at hjælpe andre. Det er kun det menneske, som mestrer kunsten at være et vidne, og som er forankret i Selvet, i det virkelige center, der virkelig formår at hjælpe andre mennesker. Eksperterne analyserer patienternes problemer, og de finder ud af, at de er forårsaget af ting i fortiden. De foreslår forskellige måder til at overvinde patienternes angst og depression. Det går måske fint så længe det er nogle andre end terapeuten selv, der har brug for hjælp. Han kan hjælpe andre i begrænset omfang. Men hvad sker der, når der er noget i hans eget liv, som er svært? Så bryder alt sammen. Terapeuten kan ikke bruge de samme metoder på sig selv, som han har foreslået alle sine patienter at benytte. Når noget går galt i hans eget liv, fungerer han ikke længere så godt og er ikke så god til at rådgive. Han bliver ubrugelig. Hvorfor? Så længe det er andre, som har brug for hjælpen, kan terapeuten i nogen udstrækning trække sig et skridt tilbage og betragte problemet.

Sindet er ikke så overskygget, og han er i stand til bare at betragte den andens problem. Terapeuten er ikke involveret i det, og derfor kan han foreslå nogle metoder og løsninger. Men når problemerne opstår i hans eget liv, dukker alle sindets negative tilbøjeligheder op. Han kan ikke længere være et vidne, han er selv blevet viklet helt ind i problemet og identificerer sig med det."

"Hvad nytter alle vores metoder, hvis vi ikke kan bruge dem i vores eget liv? Og hvis vi ikke praktiserer dem i vores eget liv, hvordan kan vi så forvente, at de skal virke effektivt i andres liv?

"Børn, at blive forankret i *sakshi bhava* er livets virkelige formål. Den højeste vidnetilstand er omdrejningspunkt for hele livet og og hele universet. Man kan have et arbejde, bruge sindet og intellektet; man kan have et hjem, en familie, ansvarsposter i familien og mange formelle pligter, man er nødt til at sørge for, men når man først er forankret i *sakshi bhava,* i det virkelige center, kan man gøre det hele uden at bevæge sig så meget som en tomme væk fra dette center."

"At være i *sakshi bhav*-tilstanden betyder ikke, at man afholder sig fra at påtage sig sine pligter. Man kan være optaget af børnenes uddannelse, ens forældres eller kones helbred og så videre. Men alligevel vil man midt i alle disse forskellige problemer forblive en *sakshi,* et vidne til alt det, der sker, og alt det, man gør. Indeni er man helt stille og uanfægtet."

"Mens skuespilleren spiller rollen som skurk i en film, kan man se ham skyde fjenden, være vred, grusom og bedragerisk. Men er skuespilleren virkelig vred eller grusom indeni? Begår han i virkeligheden de forbrydelser? Nej, det gør han jo ikke. Han er bare et vidne til alt det, han gør. Han står uden for begivenhederne og betragter dem uden at være involveret eller berørt. Han identificerer sig ikke med det, han udtrykker udadtil. På samme måde vil et menneske, der er forankret i *sakshi bhava* være rolig og uanfægtet i alle omstændigheder."

Spørgsmål: "Amma, Du siger, at et menneske, som er forankret i den højeste *sakshi bhava*-tilstand vil være rolig i alle omstændigheder, uanset om de er positive eller negative. Men samtidig siger Du, at han udadtil kan opføre sig som et almindeligt menneske. Det lyder selvmodsigende!"

Amma: "En *sakshi* kan vælge. Han kan udtrykke følelser, hvis han ønsker det, eller han kan være upåvirket. Men selvom sådanne mennesker udadtil udtrykker normale menneskelige følelser, vil de være kendetegnet ved en usammenlignelig personlighed og charme. De vil have en naturlig udstråling. Selvom de kan udtrykke forskellige følelser, er de også i stand til slukke for følelsen når som helst. Hvis de vælger at forblive rolige, stille og uanfægtede, er det let at gøre det. Hvis de ønsker at udtrykke visse følelser, f.eks. kærlighed og medfølelse i en ekstrem stor grad, er det også muligt."

Amma uddybede det: "Når man har realiseret den konstante vidnetilstand og udadtil ønsker at give udtryk for at være blevet påvirket af noget, f.eks. af en bestemt erfaring eller situation, er det let at lade det ske. Man kan selv tillade ting at ske eller ikke ske, fordi man har sindet fuldstændig under kontrol, og derfor vil det ikke modtage, afvise eller reagere på noget uden ens tilladelse. Hvis man ønsker at forblive rolig og uanfægtet som en *sakshi*, er det muligt for en at gøre det. Men ønsker man at fremstå som eksempel på afkald, opofrelse og uselvisk kærlighed, er det ganske enkelt at udleve disse idealer. Det kan betyde, at man gennemgår ekstrem sorg og lidelse, langt mere end et almindeligt menneske. Men alligevel vil man indeni være upåvirket og uberørt."

"Lad os forestille os, at man ønsker at udvise dyb sympati og sorg i mødet med et andet menneske. Man ved, at hvis man gør det, vil det skabe en stor transformation i det andet menneskes liv. Så udtrykker man den sorg. Men man er samtidig bare et vidne til det, man udtrykker. Mens man udtrykker følelsen af dyb sorg, vil det menneske, man møder, føle sig meget taknemmelig over, at man deler de følelser. Ens dybe kærlighed og omsorg har en meget stor virkning på den anden, fordi man udtrykker følelsen fuldstændigt og helt. Man udtrykker aldrig noget delvist; hele ens væsen er involveret i det. På samme måde kan man udtrykke hvilket som helst andet humør, uanset om det er positivt eller negativt. Andre mennesker vil føle det meget dybt, og det vil røre deres hjerter. Det vil uundgåeligt få den ønskede virkning på det menneske. Men *Mahatmaen* er kun et vidne til den følelse, der udtrykkes gennem hans form."

"Hvis *Mahatmaen* ønsker det, kan han udtrykke vrede, angst, frygt eller spænding. Men det vil kun være en ydre tilkendegivelse, for hans sind vil altid være roligt og stille. For ham er det bare som at tage en maske på. Der er et formål med, at *Mahatmaen* tager forskellige vrede, glade, sorgfulde og frygtsomme masker på. Når målet er opnået, fjerner han masken. Han identificerer sig aldrig med den, fordi han ved, at han ikke er masken."

"Vores problem er, at vi identificerer os med alle sindets tilstande. Når vi bliver vrede, *er* vi vreden. Sådan er det også med frygt, ophidselse, ængstelse, sorg og glæde. Uanset om følelsen er negativ eller positiv, bliver vi et med den. Vi identificerer os med masken."

"Når man er i dårligt humør, kan man føle sig vred, når man er i afslappet humør, kan man måske føle sig fredfyldt og kærlig over for andre. I virkeligheden er man ingen af disse tilstande. Eksempelvis kan man have et hus, en familie og en dejlig hund og kat. Men lad os forestille os, at nogen spørger en: "Hvis hus er det?" Hvad vil man så svare? Man vil svare: "Det er mit hus." Og man vil sige det samme om sin bil, sin familie, sin kat og sin hund. Alt sammen tilhører en selv. Men alt det, der tilhører en, er ikke den, man i virkeligheden er. Det er noget andet end ens selv. Huset tilhører en, men er ikke ens selv. Kroppen tilhører en, men er ikke ens selv. Sådan er det også med sindet, tankerne, følelserne og intellektet. De tilhører en, men er ikke ens selv. Man er den seende, der ser gennem øjnene, man er den erfarende, der oplever følelserne, man er den tænkende bag tankerne. Man er den som føler, tænker, ser, hører og smager. Man er den oplevende, subjektet. Når man bliver selve subjektet bag alt, findes der ikke længere nogen forskelle, og man er hinsides."

"Når man ikke erkender, at man er kraften bag hele universet, selve dets livskraft, hele den energi, der findes, identificerer man sig med sindet, med forskellige tanker og følelser, og man siger: "Jeg er sådan og sådan – jeg er vred, tørstig, sulten osv." Man identificerer sig med det ydre, ikke med det indre. Når man identificerer sig med det indre, er der ikke længere noget udenfor og indenfor, fordi man har transcenderet begge dele."

"Gennem hele sit liv, fra fødslen og frem til slutningen af inkarnationen på jorden, forblev Herren Krishna et vidne til alt, hvad der skete i og omkring Hans liv. Smilet forlod aldrig Hans ansigt, uanset om Han var midt på slagmarken eller mødte nogen af livets andre udfordringer. Han forblev fuldstændig rolig, og et uimodståeligt smil strålede i Hans ansigt. Selv da Dwaraka, hvor han holdt til, blev opslugt af havet, og selv da jægeren afsendte den fatale pil, som gjorde ende på Hans liv som en fysisk og dødelig eksistens, bevarede Han fatningen og sit smukke smil, fordi Han aldrig nogensinde blev rokket ud af *sakshi bhava*-tilstanden. Han var uophørligt vidne til alt, hvad der skete i Hans liv. Han identificerede sig aldrig med det ydre. Han hvilede hele tiden i det Højeste Selv."

Amma holdt op med at tale og befandt sig med et i en anden verden. Fra tid til anden brød en lyksalig latter frem. Efter et stykke tid begyndte Hun at lave cirkler i luften med Sin højre hånd. Hun åbnede Sine øjne og bad *brahmacharierne* synge en sang. De sang

Parisuddha Snehattin

Dit navn er den Rene Kærligheds navn
Du er den Evige Sandheds billede
Du er den kølige strøm af fred
som trøster mit hjerte

Med overvældende gavmildhed
opfylder Du ønsker
når nogen kommer til Dig
og søger verdslige glæder

Du skænker Videns nektar til alle
som overgiver sig ved Dine Fødder
Du er fredens og kærlighedens hjem
som kalder på sjælen

Du spreder broderskabets budskab
over hele verden og Du synger
den evige friheds sang

Du er vores inspiration
og fører os til landet med evig frihed
Du har tændt Kærlighedens lampe
og viser os utrætteligt vejen
til viden om Evig Sandhed

Ved Dine Lotus Fødder ofrer jeg en blomst
fra mit hjertes inderste kamre
med en bøn om at Du vil give mig
den udelte hengivenheds gave og vedholdende yoga
så jeg kan opnå Selvets lyksalighed

Moder Sarvasakshi

Amma er et levende eksempel på den højeste *sakshi bhava*-tilstand. Ved at se nøje på Hendes livs eksempel, er det tydeligt at se, at Hun uophørligt befinder sig i den tilstand. Hele Hendes liv er et eksempel på det. Gennem barndommen gennemgik hun hårde prøvelser og blev angrebet fra alle kanter. Hun levede blandt mennesker, som var fuldstændig uvidende, og var nødt til at være umådeligt tålmodig og forblive uberørt af omgivelserne for at være i stand til at udrette alt det, Hun gjorde. Mens Hun mødte alle de kolossale vanskeligheder, som Hun var nødt til at gennemgå, var Hun hele tiden fast og urokkelig som Himalayabjergene.

I *Bhagavad Gita* står der:

"Brahman, eller Atman, er ubrydelig, uberørt, kan hverken gøres våd eller tør. Atman er evig, alt-gennemtrængende, stabil, urørlig og evig".

Kapitel 2, vers 24

Amma var ikke påvirket af nogen eller noget. Hun så aldrig tilbage på ting for at sørge over dem, og Hun var heller aldrig bekymret for fremtiden. Med indre ro og mod formåede Hun at klare livets vanskeligheder med et smil. Hun var hele tiden beredt på at acceptere de ting, der skete. Hun mødte en uophørlig lidelse og modgang, som ville have fået almindelige mennesker til at bryde sammen og miste deres selvtillid og mod.

Trods de mange belastende livsomstændigheder og helt uden støtte nogen steder fra, end ikke fra Sin egen familie, formåede Amma på egen hånd at opbygge en stor spirituel organisation.

Hun var født som landsbypige i et fattigt fiskersamfund. Hun modtog ingen uddannelse og havde ingen penge til rådighed. Og

41

alligevel har Hun nået højder, som er vanskelige at forestille sig! Hvordan kan man forklare det?

For nylig blev Amma spurgt: "Hvad tænker Du, om den kolossale transformation, der er sket med Din ashram og organisationen? På et tidspunkt forsøgte folk at modarbejde Dig, og Du mødte alle slags forhindringer på Din vej. Men nu er Du anerkendt og æret over hele verden. Hvordan føles det?"

Amma svarede med et smil: "Amma føler ikke nogen form for forskel. Amma er altid den samme. På det tidspunkt, hvor de såkaldte vanskeligheder eksisterede, var jeg i mit Selv, og nu hvor den såkaldte berømmelse er kommet, er jeg fortsat i mit Selv."

Ja, Amma er altid den samme, og Hendes kærlighed og medfølelse forandrer sig aldrig. Der er aldrig nogensinde en forskel, og alligevel kan Hun være legende som et barn, når Hun ønsker at være det. Hun kan lukke af fra denne verden og dvæle på Sit eget bevidsthedsplan, når som helst Hun ønsker det. Hun kan forblive fuldstændig uanfægtet, og Hun kan leve uden mad og søvn lige så længe, Hun ønsker det. Verden påvirker Hende slet ikke.

De uvidende indbyggere i landsbyen truede Hende på livet flere gange. De fornærmede Hende og spredte falske rygter om Hende. På et tidspunkt forsøgte Hendes ældre broder Subhagan sammen med en fætter at stikke Hende ned og dræbe Hende. Men selv på det tidspunkt var Hun i stand til at smile og sige til dem: "Jeg er ikke bange for døden. Du kan godt dræbe denne krop, men Selvet er udødeligt og kan ikke ødelægges. Du kan ikke dræbe Selvet." Så satte Hun sig roligt og stille ned uden at gøre modstand. Men de mistede deres kraft. De kunne ikke gøre Hende noget. Det er kraften i Selvet (Atman). Den slags er kun muligt for et menneske, som er forankret i *sakshi bhava*, som ser alt og samtidig dvæler i den højeste tilstand af vidnebevidsthed.

Selvets uendelige kraft

En gang fortalte Amma: "Når man er forankret i intet-sind tilstanden, kan ingen gøre en noget, medmindre man bevidst tillader det. Man kan tillade, at noget sker eller ikke sker. Uanset om det sker eller ej, forbliver man et vidne – fuldstændig uberørt og uanfægtet. Man er altid forankret i den højeste tilstand af frihed fra enhver tilknytning. Man kan forestille sig, hvordan det er, hvis nogen ønsker at skade eller dræbe en. De kan ikke løfte en finger, medmindre man tillader det. Så længe ens *sankalpa* (beslutning) er der, kan de ikke gøre noget, der påvirker en. På en eller anden mystisk måde vil det ikke lykkes for dem. Til sidst kommer de måske til at tænke, at man er beskyttet af en hellig kraft. Men den kraft er Selvets uendelige kraft; det er ikke en eller anden kraft, som kommer udefra. Denne kilde til kraft findes indeni. Man bliver den uendelige kraft. Når man er uden ego, er man alt. Hele universet er på det oplyste menneskes side. Selv dyr, træer, bjerge og floder, selv solen, månen og stjernerne er på den Selv-Realiserede sjæls side – fordi man er uden ego i den tilstand. Når man bøjer sig for alt, hvad der eksisterer, med stor ydmyghed, vil universet (eksistensen) bøje sig for en og tjene en. Men, husk at man også kan bede det om at vende sig imod en, fordi uanset hvad forbliver man upåvirket."

"Når der ikke er noget sind eller ego, er man et med hele eksistensen og universet og alle dets væsener er ens venner. Ingen skabning vil anse en for at være en fjende. Selv en fjende vil være ens ven, fordi fjenden er ens eget Selv, også selvom han eller hun ikke er bevidst om det. For hvis man indeni er et med fjenden, hvordan kan han så i ordets egentlige betydning være ens fjende? Hvordan kan noget som helst, levende eller dødt, som eksisterer indeni en, som en del af en Selv, på nogen måde skade en? Det er umuligt. Intet kan ske en, når man slipper sit ego, medmindre at man ønsker at det skal ske."

"Mewars Rana ønskede at dræbe Mira Bai. Han sendte hende en kop gift og fortalte, at det var en særlig drik, han havde tilberedt til hende, og samtidig skrev han et smukt brev med søde ord, hvor han undskyldte, at han havde været så grusom ved hende."
"Selvom Mira vidste, at det var gift, tog hun imod koppen og drak den. Men intet skete. Rana forsøgte at dræbe hende med forskellige andre kneb, men intet lykkedes. Mens alle forsøgene fandt sted, var Mira meget lykkelig og uanfægtet. Hvordan var det muligt for hende? Fordi hun var uden ego. Hun var hinsides sindet."
"For Mira Bais vedkommende var alt hendes "Giridhar"– hendes elskede Herre Krishna. Hun havde ingen ønsker, for hun ønskede intet selv. Hun var endda ligeglad med, om Krishna elskede hende eller ej. Det eneste hun ønskede var at være i stand til at elske Ham, og hun ønskede intet for sig selv. For Mira Bai var alt Krishna. "Åh Herre! Dig, og Dig alene!" Der var intet "jeg" og ingen oplevelse af selv at gøre noget. Hendes Herre Krishna gjorde alt for hende, uanset om det var godt eller dårligt. Uanset hvad der skete, beklagede hun sig ikke. Hun accepterede alt, hvad hun modtog og anså alt, der skete for hende for at være Hans *prasad*. Ved at overgive sig til Krishna, overgav Mira Bai sig til hele eksistensen. For Mira Bai, var Krishna ikke bare et begrænset menneske, som hun kun opfattede i denne ene form. For hende var hele universet Krishna. Hun var blevet et med hele skabelsen. Hun var blevet et med Krishnas energi. Hun var ikke bevidst om sin egen krop. Og når man ikke har en krop, hvordan kan man så blive dræbt? Hele skabelsen er på ens side og beskytter en. Hvordan kan nogen gift påvirke en? Hvordan kan nogen del af skabelsen gøre en skade på nogen som helst måde? Det kan kun røre en, hvis det har ens tilladelse til det. Det vil kun påvirke en, hvis man siger ja. Hvis man siger nej, vender det sig om og fjerner sig. Når først man når den højeste tilstand, sker der ikke en noget. Selv hvis kroppen bliver tortureret og ødelagt. Årsagen er, at man ikke er kroppen – man er Selvet."

"Hele universet er ens krop. Hver en del af skabelsen er en del af ens universelle krop. Når alt er et, hvordan er det så muligt for en del at skade helheden? Hvordan kan hånden bevidst gøre øjet ondt? De kan se forskellige ud og have forskellige funktioner, men de er et med hele kroppen."

"Når man indser, at man er et med Selvet, vil hele skabelsen være ens trofaste tjener. Man er herre og alt i naturen afventer ens ordrer. Når hele naturen fuldstændig understøtter en, hvordan er det da muligt for noget at vende sig imod en, medmindre man virkelig ønsker, at det skal ske? Naturen gør, hvad man end befaler den at gøre. Hvis man siger: "Nej, lad være med at gøre det", så er der ikke noget, der kan ske. Når man befinder sig i den rette tilstand, er der intet, der kan skade en. Selv-realisering er eksistensens fuldkomne tilstand."

Disse ord kan minde os om en hændelse fra Ammas liv. Der var en dag, hvor Amma lagde Sine hænder ind i munden på en hund, der havde fået hundegalskab. Hunden var en af Ammas tidligste ledsagere, som var kommet til Hende i den periode, hvor Hun levede under åben himmel. Amma elskede hunden meget højt. Da Hun så, at den var lænket til et træ, gik Hun hen til den og viste Sin kærlighed ved at omfavne den og kysse dens hoved. Hun prøvede også at made hunden, og derfor lagde Hun hænderne ind i dens mund. Alle, som tilfældigvis var i nærheden, blev overordentligt chokerede, fordi hundens spyt, som var meget smittefarligt, flød ud over Ammas hånd. Alle var meget bekymrede og rådede Hende til for en sikkerheds skyld at blive vaccineret mod hundegalskab. Men Amma smilede bare og svarede: "Der vil ikke ske noget. I skal ikke være bange." Og selvfølgelig skete der ikke noget.

Amma siger: "Når man er realiseret, bliver man et med det Kosmiske Sind. Alle sind er ens egne. Man bliver den eneste, der kontrollerer alle sind, ikke kun menneskelige sind, men hele det Kosmiske Sind. Det betyder, at man holder hvert enkelt sind i sin hånd. Man er blevet til alle. Deres kroppe er forskellige, men man dvæler i hver eneste krop. Ens fjende er en selv, som er pakket ind på en anden måde. Det er lige som slik med samme farve og smag, der er blevet pakket ind i forskelligt papir. Papirerne har mange forskellige farver. De kan være blå, grønne, røde eller gule. De enkelte slikstykker kan tænke: "Jeg er blå, jeg er grøn" osv. Men hvad er der indeni? De samme stykker slik med den samme slags smag, som er lavet af de samme ingredienser."

Amma sagde en gang: "Alle ens tanker og handlinger går igennem Amma."

En *Mahatmas* veje er uransagelige. Vi kan kun se og opfatte det, der sker på overfladen. *Mahatmaen* forbliver et mysterium for os – et ukendt fænomen – som kun kan forstås, når vi lærer vores eget Selv at kende. Vi indser vores begrænsninger, når vi er i nærheden af en *Mahatma*, hvis uendelige dimensioner og ubegrænsede kærlighed og medfølelse vil hjælpe os til at føle os ydmyge. Vi bliver bevidste om vores egen intethed. Kun følelsen af intethed og ydmyghed vil hjælpe os til at opnå tilstanden, hvor vi er fuldstændigt opfyldte, og hvor vi erfarer, at "Jeg er alt".

KAPITEL 4

Der var ved at blive bygget nye hytter til ashrammens *brahmacharier*. Efter at have sunget *bhajans* om aftenen, ønskede Amma, at alle gik ned til stranden og bar sand, som skulle bruges til fundamentet for de nye huse. Da man hørte det, gik alle ned til stranden med skovle og spande. Amma førte an, og snart var alle nået ned til stranden. Natten var mørk og kølig. Havet var i oprør. Mørket var gennemtrængt af den dybe vibrerende lyd af gigantiske bølger, der rejste sig fra det store mørke vand og brusende slog op mod kysten. Synet af det store ocean i nattens mørke var ærefrygtindgydende og skabte en følelse af stor indre ro. Det fremkaldte også en åbenhed og dyb opmærksomhed i alle de tilstedeværende.

Seva (arbejdet) med sandet begyndte. Alle arbejdede med stor entusiasme. Amma deltog også aktivt. Indimellem skovlede Hun sand og fyldte det i en sæk, andre gange bar Hun sandsække på ryggen hele vejen op til ashrammen. Selvom beboerne forsøgte at afholde Hende fra at arbejde, gav Amma ikke efter. Sand-*seva* fortsatte i to timer indtil klokken blev 23. Amma satte sig ned ved havet, Hun var omgivet af ashrammens beboere og andre hengivne.

Amma delte salte bananchips ud og skænkede varm sort kaffe op til alle, som havde deltaget i arbejdet. En efter en kom *brahmacharierne* og *brahmacharinierne* hen til Amma for at få deres andel. Mens hun delte forfriskningerne ud, sagde Hun til en af *brahmacharierne*, som stod i køen: "Nej, du har ikke arbejdet, så du får ingen *prasad*. Det er kun for dem, som har arbejdet hårdt i de sidste to timer."

Da *brahmacharien* uden et ord fjernede sig fra køen, begyndte Ammas moderlige omsorg straks at strømme, og Hun kaldte ham tilbage og sagde: "Det er i orden, søn. Du skal ikke være ked af det. Du behøver bare at bære en enkelt sandsæk hen til ashrammen, og så vil Amma give dig noget *prasad*, når du kommer tilbage."

Brahmacharien gjorde som Amma sagde. Mens han bar sækken hen til ashrammen, sagde Amma: "Han er nødt til at bære mindst en sæk, fordi Amma ikke vil være uretfærdig over for alle dem, der har arbejdet uselvisk. Det er først efter, at man har anstrengt sig, at man kan slappe af."

Sindet er en stor løgn

Mens alle nød Ammas *prasad,* spurgte en af *brahmacharierne:* "Amma, da Du i går talte om *sakshi bhava,* fortalte Du også, at sindet ikke er virkeligt. Jeg har også læst, at verden ikke er virkelig. Hvilket et af de to udsagn er sande?"

Amma: "Søn, begge udsagn er korrekte. Sindet er en stor løgn, og verden er en projektion af denne løgn. Ingen af de to er virkelige. Verden eksisterer kun, fordi sindet eksisterer. Sindet har ansvaret for alle ens problemer. Det skaber tvivl og lidelse, det forårsager vrede, had og jalousi; det får mennesker til at handle uden skelneevne og endda til at gøre onde ting. Det vil uvægerligt skubbe en ind i en miserabel tilstand. Sindet er helvedet. Det er *maya* (illusion), og det er ikke sandt. Så længe man har et sind, vil ens eksistens være uvirkelig. Kun udryddelsen af sindet kan bringe en tilbage til sandheden og virkeligheden.

"Egoet er et produkt af sindet. Derfor er egoet også en løgn. Det er uvirkeligt. Først når man slipper af med sindet og egoet, vil ens eksistens være fuldkommen og perfekt."

Spørgsmål: "Amma, Du siger at sindet og egoet ikke er virkelige, at fænomenernes verden kun er sindets projektion, at vores virkelige natur er den Højeste Atman eller Selvet. Det er meget svært at forstå, medmindre du forklarer det på en mere tydelig måde."

Amma: "Først og fremmest skal man være klar over, at det ikke kan forklares med ord. Uanset hvor mange beviser og hvor mange eksempler, Amma giver, vil man blive ved med at have de samme spørgsmål, indtil man selv erfarer sandheden. At sindet og verden ikke er virkelig er noget, man selv må realisere. Prøv at praktisere *tapas* (askese, anstrengelse) og så vil du finde ud af, at det er rigtigt."

"Børn, I skal vide, at sindet er det største mysterium, der findes. Men Ren Bevidsthed eller Selvet er ikke et mysterium. Når man først kender Selvet, vil man indse, at det slet ikke er et mysterium – det er den man er – ens egen natur. Det er nærmere end det nærmeste. Sindet gør det til et mysterium. Sindet er en komplikation, som gør alt meget kompliceret."

"Man er ikke sindet. Man er Selvet (Atman). Man er født inde i den bevidsthed. Man vokser op i den. Man lever i den. Og man dør inde i den bevidsthed. Men man er aldrig bevidst om denne store sandhed. Hvorfor? På grund af sindet og verden, som er skabt af sindet. Sindet gør det umuligt at erkende selvet. Sindet dræber mennesket: det ødsler al energi og vitalitet bort. Sindet er en ting, som er kendetegnet ved stor svaghed. Forsøg derfor at flygte fra den uvirkelighed. Søg ud af den store løgner, sindet, egoet."

"Børn, I spørger altid om beviser og forklaringer. Det er noget, der ikke kan bevises. Beviser kan gives på videnskabelige løsninger, og man kan bevise noget, der erfares af sanserne. Men Atman er hinsides videnskab og enhver sanseerkendelse. Man kan ikke bevise det empirisk. Man kan erfare det inden i sig selv. Men vær klar over, at det er sindet, som forlanger beviser. Sindet, som er uvirkeligt, forlanger, at virkeligheden bliver bevist! Selve kilden til jeres tvivl og spørgsmål er uvirkelig. Enhver tvivl og frygt stammer fra sindet, den store løgner."

"Her kommer et eksempel. Der var en gang en berømt bryder. Ingen kunne slå ham. Han var uovervindelig. Han havde været landets mester igennem mange år. Fordi han var den stærkeste mand i landet, var han med tiden blevet stolt og arrogant. En dag kom en bryder fra en anden by for at udfordre ham. Han accepterede udfordringen, og en dato for kampen blev fastlagt. Der blev gjort stor reklame for den store brydekamp, som snart skulle finde sted. Så oprandt den store dag, og bryderne trådte frem på stadium. Den stolte bryder, som var landets mester, var meget sikker på sin sejr. Sammenlignet med modstanderen var han stærkere, han var yderst velbygget og havde mange års erfaring. Kampen begyndte. Tilskuerne råbte og heppede på dem begge, de piftede og vinkede med hænderne. Nogle heppede på den eksisterende mester, mens andre holdt med modstanderen. Kampen fortsatte i ret lang tid. Det var svært at vurdere, hvem der ville vinde. Men omsider vandt den besøgende bryder over den bryder, der havde erhvervet mesterskabet de foregående år, og han blev årets nye mesterskabsvinder. Publikum råbte: "Sejr til den nye mester", og de hånede den bryder, der tabte. De fornærmede ham og lo nedsættende af ham. På en eller anden måde lykkedes det ham at rejse sig fra brydepladsen, og han gik derfra med hovedet bøjet i skam. Længe efter at han havde forladt stadium, gav ekkoet af de vrængende tilråb genlyd i ørerne på ham. Had fyldte hans hjerte, og sindet var oprevet, da han pludselig vågnede."

"Ja, det havde kun været en drøm! Men mesteren var alligevel blevet meget rastløs. Han havde mistet sin sindsro og vandrede nu frem og tilbage på sit værelse som en indespærret løve. Sindet var besat af hævntanker. Han havde fuldstændig identificeret sig med drømmen og overvejede med stor ihærdighed, hvilken metode han skulle bruge for at overvinde modstanderen, som han havde mødt i drømmen. Han tænkte: "Åh Gud! Jeg har mistet alt! Jeg har mistet min anseelse. Hvordan kan jeg undgå at tabe ansigt i offentligheden? Fra nu af er der ikke længere nogen, som vil respektere mig. Hvordan skal jeg kunne klare fornærmelserne? Jeg vil hellere dø end at leve videre på denne måde. Jeg vil søge at hævne mig på den idiot."

Den slags tanker vældede op i sindet. Mens den stolte bryder rev sig selv i håret, vandrede han frem og tilbage ligesom en, der var blevet sindssyg. Jo mere oprevet han blev, des mere længtes han efter at komme ud af sin tilstand. Til sidst satte han sig ned og forsøgte at slappe af. Og det virkede. Gradvist faldt hans sind til ro, tankerne aftog og snart indså han, hvor dum han havde været. Han tænkte: "Du gode Gud! Hvad skete der lige for mig der? Sikke et fjols jeg er. Det var bare en drøm. Det var slet ikke virkeligt, det hele var bare noget, jeg selv forestillede mig. Jeg blev bange og oprevet over noget, der slet ikke har fundet sted."

"Børn, kan I se, hvordan mesteren blev fuldstændig narret af sit sind? Han identificerede sig helt med drømmen og troede, at alt det, der skete i drømmen, var virkeligt. Hvor kom den anden bryder og alle menneskene med de høje hånlige tilråb og fornærmelser fra? Hvem opfandt de forskellige teknikker, som de to brydere afprøvede på hinanden? Hvem skabte stadium, mesterens nederlag, hans skam, vrede og ønske om hævn? Det blev alt sammen skabt af sindet. Det var selvfølgelig ikke virkeligt, men alligevel troede bryderen, at det var virkeligt, og han handlede ud fra den overbevisning. Han var dømt til at lide, når han troede på den drøm, som hans eget sind havde skabt. Men så snart han indså, at drømmen ikke var virkelig, slap han fri af dens greb og fandt fred."

"På en tilsvarende måde er vi alle sammen identificerede med en drøm. Bryderen var kun identificeret med en kort drøm. Så snart han vågnede, forsvandt drømmen, og da han slappede af, forsvandt identifikationen med drømmen også. Men vi identificerer os med en meget længere drøm. Det er en drøm, som er sindets projektion, den er baseret på vores tanker og tidligere erfaringer. I den nuværende tilstand tror vi, at drømmen er virkelig. Vi lever i en drøm, som er skabt at sindet, og vi har identificeret os med den. Opvågningen er endnu ikke sket."

"Du bad om en mere tydelig forklaring. Hvordan kan forståelsen stå klart for dig, så længe du drømmer? Drømmen forsvinder, når du vågner. Kun på den måde vil alt blive klart. Børn, I drømmer alle sammen, og I tror, at drømmen er virkelig. Der er ingen forklaringer, som kan gøre det mere tydeligt for jer. Det vil forblive uklart for jer, så længe I identificerer jer med drømmen og endnu ikke er vågnet. Vågn op og så vil I indse, at det kun var en drøm, og alt vil blive mere klart end det klareste."

Sindets to kræfter

"Sindet har to kræfter: den tilslørende kraft og projektionens kraft. Først skjuler sindet fænomenernes sande natur, og bagefter fejltolker det den. Det er årsagen til, at Amma kalder sindet for en stor løgner. Det tilslører sandheden og får os til at forveksle sandheden med en illusion."

"En mand gik alene hen ad en sti i landsbyen. Det var ved at blive mørkt, og han havde svært ved at finde vej i den dunkle skumring. Pludselig var der noget, der bed ham i foden. Han mærkede efter på huden og opdagede et lille sår. Han kunne også mærke, at det blødte. Da han så en slange rulle sig sammen henne ved en busk i nærheden, gav det et sæt i ham, og han stivnede. Han måtte være blevet bidt af slangen. Mandet blev grebet af panik og skreg lige så højt, han kunne: "Hjælp! Jeg er blevet bidt af en giftslange! Jeg er ved at dø. Er der nogen, som vil komme og hjælpe mig på hospitalet!" Mandet var blevet helt hysterisk. Han råbte og råbte. Så begyndte han at føle sig frygtelig træt, og hovedet begyndte at snurre, som om han skulle besvime. Han satte sig ned på jorden og blev ved med at råbe om hjælp. Efter et par minutter kom en mand til syne i mørket. Han bar en fakkel. "Hvad er der galt? Hvad er der sket?", spurgte han. "Jeg er blevet bidt af en giftslange. Jeg er ved at dø. Kan du tage mig med til en læge hurtigst muligt?" "Bare rolig. Selvfølgelig vil jeg hjælpe dig. Men hvor var det helt præcist, at det skete?" "Lige her, det var lige herovre," svarede manden. "Se den busk derovre. Der ligger en slange derhenne!" Men hvad var det den fremmede fik øje på, da han rettede faklen over mod busken?

Der var en tornebusk, og der var også et rebstykke, som havde viklet sig ind i den. "Se godt efter! Det er bare en tornebusk," sagde den fremmede. "Det må være en torn, som er kommet ind i din fod ved et uheld. I den dunkle belysning så du samtidig rebet og forvekslede det med en slange. Derfor blev du overbevist om, at du var blevet bidt af en slange. Men nu hvor du har opdaget, at det ikke passer, kan du roligt slappe af." Da manden havde opdaget, hvordan det i virkeligheden hang sammen, forsvandt alle hans symptomer på træthed og svimmelhed, og han begyndte at slappe af."

"På en tilsvarende måde fører sindet os bag lyset. Eksemplet viser, hvordan sindet først tilslører, hvad rebet i virkeligheden er og derefter projicerer en slange over på det. Slangen er fortiden. Sindet gør det hele tiden. Atman, den udelte Virkelighed, er tilsløret, og i stedet projiceres en verden af forskelle over på det. Atman (Selvet) er tilsløret, og vores tanker projiceres hen over. Sindets bedrag fortsætter uden nogensinde at høre op. Illusionen kan kun forsvinde, når en sand Mester viser en den sande videns lys. Så vil man erkende Sandheden og finde fred. Det er tidspunktet, hvor den egentlige opvågning finder sted. Indtil da vil Sandheden aldrig stå klart for en."

Vågn op og du vil erfare det

Efter en kort pause stillede *brahmacharien* Venu et spørgsmål.
Spørgsmål: "Amma, er den opvågning, Du lige har talt om den samme tilstand som *sakshi bhava,* er de to tilstande ens eller noget forskelligt?"
Amma: "Søn, både opvågning og *sakshi bhava* tilstanden kræver, at man er bevidst. Virkelig spiritualitet indebærer fuld bevidsthed – de to ting er et og det samme. De fleste mennesker er ikke bevidste. De lever i verden uden opmærksomhed, fordi de har lært at leve på den måde."

53

"Et barn fødes med ren bevidsthed, men samfundet lærer det at være ubevidst. De mennesker, der omgiver barnet, forældre, søskende, venner og samfundet, lærer barnet bestemte vaner. De opdrager barnet på en bestemt måde, med en religion, en bestemt kultur, sprog, uddannelse og vaner. Barnet bliver påvirket af alle de ting. Det lærer at glemme sin egen natur, og den bliver dækket af det ubevidste ligesom en klar himmel bliver dækket af skyer. Man lærer barnet alt, undtagen hvordan det ganske enkelt kan forblive i sin virkelige natur. På den måde bliver barnet under opvæksten gradvist mere ubevidst og dækket over med alt det, man påtvinger det. Barnet mister sin renhed og uskyld, det lærer aldrig at være roligt."

"For at være bevidst, er man nødt til at være rolig. Afslapning sker aldrig, medmindre man lærer at bryde ud af sindets snærende bånd. De gamle tiders helgener og profeter viste os gennem deres eget eksempel, hvordan man opløser sindet, tankerne og alle de bånd, som de skaber."

Venu afbrød og bemærkede ivrigt: "Amma, hvorfor gå så langt tilbage i tiden? Du er Selv kommet for at vise os den sande vej."

Amma fortsatte uden at bemærke kommentaren.

"Lær at være hvad I end vil være i livet, og lær samtidig den teknik, der går ud på at være fuldt bevidst i alle situationer. Når man først mestrer denne kunst, vil man altid være opmærksom, og man vil være et vidne til alt, der sker omkring en, uden at være involveret i det."

"Man kan forestille sig, at en vrede vokser indeni. Vid at den er der. Vid at tanken om vrede er dukket op indeni. Når man er opmærksom på det og klart kan se det, hvordan kan man så blive involveret i et sådant humør? Vrede er en katastrofe. Ingen ville bevidst gå ind i sådan en tilstand. Den forurener og forgifter alt og alle. Vrede og alle sindets andre negative følelser er katastrofale. De opstår ubevidst. Hvis man er bevidst, fuldt vågen og hele tiden betragter det, kan det ikke påvirke en. Betragt følelsen på samme måde, når den igen fortager sig. Lige nu sker det hele, uden at vi ved det, vi bliver revet med af vores tanker og følelser, som om vi sov dybt indeni."

"*Sakshi bhava* kan både være en praksis og en permanent tilstand. Når man er permanent forankret i tilstanden, vil den indfinde sig spontant og helt naturligt i alle situationer. Kun når man hele tiden er vågen, kan man være et vidne. I denne tilstand, er der ikke plads til den drømmeverden, der skabes af fortiden. Fortiden må dø. Sindet må opløses, for at *sakshi bhava* kan finde sted."

"Børn, jeres sande natur er som himlen, ikke som skyerne. Jeres natur er som havet, ikke bølgerne. Himlen er Ren Bevidsthed, og havet er Ren Bevidsthed. Himlen er ganske enkelt vidne til skyerne. Havet er ganske enkelt vidne til bølgerne. Skyerne er ikke himlen. Bølgerne er ikke havet. Skyer og bølger kommer og går. Himlen og havet er hele tiden det dybere lag bag skyernes og bølgernes eksistens. De har ingen egen eksistens, de er uvirkelige og forandrer sig hele tiden. Ligesom himlen og havet, så er det at være et vidne noget, som eksisterer på et dybere niveau. Alt sker indeni den højeste vidnetilstand, men vidnet er aldrig involveret i det. Vidnet er helt enkelt – rent og uberørt."

"På samme måde kommer og går sindet og dets tanker. De er uvirkelige og ubestandige. De er som himlens flygtige skyer og havets bølger. De kan ikke røre ens bevidsthed. Hinsides overfladen forbliver bevidstheden ren og uberørt. Denne Rene Bevidsthed, som er evigt opmærksom på alt, hvad der sker, er Vidnet, *Sakshi*, til alt."

"At være forankret i *sakshi bhava* indebærer at være bevidst hele tiden. Medmindre man er fuldt vågen og har fuldkommen opmærksomhed, kan *sakshi bhava* ikke finde sted."

En af de besøgende hengivne sagde: "I *Lalita Asthottara* (Den Guddommelige Moders 108 navne) siges det, at Devi er Vidnet til sindets tre tilstande: *jagrat* (den vågne tilstand), *swapna* (drømmetilstanden) og *sushupthi* (dyb søvn). *Jagrat swapna sushupt-tinam – sakshi bhuttyai namah.*" Den hengivne forenede sine hånd-flader og sagde: "Åh Amma, vi tror, at Du er Lalita Parameswari, den Højeste *Sakshi,* som er vidnet til sindets tre tilstande." Amma begyndte at synge sangen

Uyirari Oliyayi

Åh Gudinde Uma
Jordens Liv, Lys og Styrke
hvor er Du?
Åh vise Du som er vinden, havet og ilden
viser Du mig ingen nåde?

Du er den sande, skjulte Viden
og i Dit fravær er visdommen i verden svundet ind
genfødsler sker uophørligt
uvirkelighed er blevet virkelighed
og uretfærdigheden stiger.

Sindets abe bevæger sig uden ophør
og holder bedragets frugt i sin hånd
Uden at reflektere over sin virkelige natur
bliver den føde for Dødens Gud.

Efter sangen var Amma fordybet i meditation. Hun sad helt stille og indhyllet i Sin egen naturlige tilstand, som er hinsides. Hun virkede fuldstændig uanfægtet. Hendes forklaringer af den Højeste Tilstand have øjensynligt fjernet det tynde slør mellem Ammas virkelige natur og den ydre verden. Amma har sagt: "Et tyndt slør er blevet skabt for at sørge for, at jeg kan leve her i denne verden sammen med jer. Men det tynde forhæng kan trækkes bort, når som helst Amma ønsker at fjerne det."

Når man befinder sig i Ammas nærvær og betragter Hende, kan man nogle gange også erfare Hendes upersonlige aspekt. I dette særlige øjeblik fik man et glimt af den højeste tilstand i Amma. Med det vældige ocean som baggrund og bølgernes brusen mod den månebeskinnede strandbred, og med den uendelige himmel ovenover, som var dækket af talrige skinnende stjerner, syntes Amma i Sin ophøjede spirituelle tilstand at være et ubegribeligt mysterium. Hele stemningen var gennemsyret af en nærværende spirituel energi, en enestående fornemmelse af dybde, som skabte en usædvanlig fredfyldt følelse i alle. Det var et øjeblik, som var fyldt af ren lyksalighed. Næsten et kvarter forløb på denne måde. Og selvom en kølig vind kom ind ude fra havet, var der ingen, som tænkte på at flytte sig så meget som en tomme.

Klokken var næsten tolv. Ammas krop bevægede sig en lille smule, og få sekunder senere vendte Hun tilbage til Sin normale ydre bevidsthed. Snart lagde alle mærke til, at Amma havde bevæget sig.

Nogle fiskere kom ud fra hytterne for at se, hvad der skete på dette mærkelige tidspunkt af natten, og et par af dem kom endda hen og sluttede sig til gruppen.

Tilknytning er en sygdom

Snart hørte man igen Amma tale. Amma sagde: "Menneskelige væsener har to store problemer. Det ene af dem opstår, når de ikke får, hvad de ønsker. Det andet problem er mærkeligt, fordi det opstår, når de får det, de ønsker."

Spørgsmål: "Amma, det lyder mærkeligt! Hvordan kan der udvikle sig et problem, når de får det, de ønsker sig?"

Amma: "Søn, det er enkelt. Når alle ens ønsker er opfyldte, vil det i sig selv skabe en kæde af problemer på grund af tilknytningen til det, man har opnået. Når man har opnået det, man har ønsket sig, bliver det næste skridt at søge at beskytte det, og besiddertrangen vil hele tiden stige. Sindet bliver meget oprevet, uanset om man får, hvad man ønsker eller ej. I forsøget på at sikre sig det, man end har opnået, vil man miste sin sindsro. Derfor er det virkelige problem tilknytningen, som er skabt af det problematiske sind. Tilknytning er en sygdom. Hvis en person er alt for stærkt knyttet til noget, kan det endda få vedkommende til at blive sindssyg."

"Det er ikke muligt at være knyttet til noget i verden og have indre ro på samme tid, fordi for stor tilknytning til ting, vil opbygge en anspændthed i sindet, og det vil uvægerligt skabe smerte og lidelse. Når man er alt for knyttet til noget, vil spændingen og ængstelsen, som tilknytningen medfører, sætte tankeprocesserne op i hastighed og intensivere sindets kaos. Det pres, som bygges op, gør det umuligt at bevare kontrollen over sindet. Man ved ikke, hvor man skal vende sig hen, og man mister enhver fornemmelse af klarhed. Sindet bliver som en skov, der har været ramt af en cyklon. Tidligere var det muligt for en at betragte de ting, der skete i ens liv, mens de foregik. Men når tilknytningens pres når sit højeste punkt, bliver byrden for tung at bære, og man ved ikke længere, hvordan man skal klare det."

"Man mister grebet om livet, og vil føle sig fuldstændig ensom og skuffet, man bliver et let offer for sit sind. Man vil drukne i sine tanker; når man identificerer sig med sindet og dets negative følelser, vil man blive overvældet og opslugt. Man oplever et følelsesmæssigt sammenbrud og bliver tvunget ind i sindets mørkeste krinkelkroge. Man kan endda blive sindssyg. Tilknytninger kan påføre os alle disse skader."

"Amma vil fortælle jer en historie, som Hun har hørt. En mand besøgte et psykiatrisk hospital, hvor lægen var en af hans nære venner. Lægen viste ham rundt og lod ham møde patienterne. I et af værelserne sad en mand og rokkede frem og tilbage på sin stol, mens han med glæde gentog navnet: "Pumpum, Pumpum, Pumpum…" gang på gang. "Stakkels fyr, hvad er hans problem? Hvem er den

Pumpum?" spurgte den besøgende. Lægen svarede: "Pumpum var hans elskede, hun bedrog ham og rejste væk med en anden mand, og det var årsagen til, at han blev sindssyg." Den besøgende sukkede og gik videre for at møde nogle af de andre patienter. Da de kom ind på et andet værelse, var den besøgende overrasket over at se en anden mand, som sad og dunkede hovedet mod muren, mens han gentog navnet: "Pumpum, Pumpum, Pumpum…." Den besøgende spurgte lægen: "Hvad er det? Har Pumpum også noget at gøre med den der mand?" "Ja," svarede lægen, "det var den mand, som til sidst blev gift med Pumpum.""

Man hørte latteren bryde ud, da Amma var færdig med at fortælle historien. I den stille nat lød det som en eksplosion. Gradvist aftog latteren og blandede sig med lyden af havet. Omkring klokken halv et om natten rejste Amma sig og vendte tilbage til ashrammen sammen med Sine børn.

Det havde været en vidunderlig nat. Dette er uforglemmelige begivenheder, som sætter dybe spor i disciplenes hjerter – uvurderlige oplevelser, som giver så meget at grunde over. At leve i nærheden af en virkelig og ægte Mester er en sjælden velsignelse, den mest sjældne og værdifulde velsignelse, som et menneske kan modtage. Sådanne øjeblikke vil senere skabe endeløse bølger af intens kærlighed og længsel i disciplen. Det vil til sidst få ham til at dykke dybt ned i sin egen bevidsthed og derfra nå den spirituelle lyksaligheds højder. Alle, som er associerede med en stor Mester som Amma er i sandhed velsignede.

Når Amma siger: "Vær ikke urolig"

En hengiven fortalte: "Når Amma siger "Vær ikke urolig," er der ingen grund til ængstelse, fordi på den ene eller den anden måde, vil problemet blive løst."

Det er der mange hengivne, som har erfaret. Den hengivne, som kom med bemærkningen, var samme aften kommet hen til ashrammen sammen med hele sin familie for at møde Amma og modtage Hendes velsignelser. Han havde en særlig grund til at sige det, han sagde.

Halvandet år forinden var hans datter blevet gift med en troende ung mand, og et lykkeligt ægteskabeligt samliv var begyndt. Til familiens store forfærdelse fik den unge kvinde nogle måneder efter brylluppet stillet diagnosen livmoderkræft. Hun var fem måneder inde i en graviditet på daværende tidspunkt. Lægerne mente, at der var tale om et meget kompliceret og alvorligt tilfælde. Der var en svulst i livmoderen, som de vurderede var ondartet, og de anbefalede at fjerne den kirurgisk. Lægerne var pessimistiske omkring operationens udfald. De troede ikke, at barnet ville overleve, og anså også moderens overlevelseschancer for meget begrænsede. Lægerne sagde til kvindes forældre og den unge kvinde, at Gud alene ville kunne frelse hende og barnet. De bekymrede forældre henvendte sig til Amma, som var deres eneste kilde til håb. De fortalte hende om datterens livstruende sygdom og bad om Hendes nåde. Hele familien havde været meget hengivne over for Amma, helt fra de mødte Hende første gang i 1981. Når de havde et problem, opsøgte de altid Amma for Hendes nåde og vejledning.

Amma lyttede til deres problemer og efter at have udtrykt stor omsorg for deres datter, sagde Hun til dem: "Vær ikke urolige. Amma vil både passe på jeres datter og barnet." De hengivne havde fuldstændig tiltro til Amma, og efter at Hun havde sagt sådan, var de ikke længere bekymrede, selvom deres datter fire måneder senere var nødt til at gennemgå operationen. Det viste sig, at deres tro på Amma var hundrede procent velbegrundet. Operationen blev udført, barnet blev fjernet fra livmoderen, og til lægernes store forbløffelse, overlevede både moderen og barnet. Lægerne fjernede en svulst, der vejede fire kilo fra livmoderen. Selvom lægerne forventede yderligere komplikationer, kom der slet ingen; alt forløb helt som det skulle. Både moder og barn var fuldkommen sunde og raske.

Da Amma kom ned fra Sit værelse, ventede familien spændt på at modtage Hendes *darshan*, og de skyndte sig hen til Hende. De knælede foran Hende og lagde den nyfødte baby ved Hendes fødder. Gennem taknemmelige tårer sagde barnets mor til Amma: "Amma, han blev kun født på grund af Din nåde." Amma tog det lille barn op, holdt ham i Sine arme og kærtegnede ham. Hun sagde: "Se hvor mange vanskeligheder din fødsel har givet din mor!"

Amma satte sig nederst på trappen og blev hurtigt omgivet af ashrammens beboere. Barnet blev ved med at se på Amma og fastholdt et meget intenst blik på Hendes ansigt. Han var mørklødet i huden, og af den grund kaldte Amma ham "Karumba" (Den sorte). Amma fortsatte: "Søn, du er sort ligesom Amma. Ønsker du ikke at være mere lys ligesom din mor?" Så begyndte babyen med et at græde. Amma sagde: "Det virker ikke til, at han kunne lide, at Amma kaldte ham Karumba."

Barnets bedstefar kom med et begejstret udbrud, som han ikke var i stand til at holde tilbage. "Nej, nej!" svarede han, "Han var glad, da du kaldte ham "den sorte." Han er lykkelig ved at vide, at han er mørk som Dig, Amma. Men han brød sig ikke om det, da Du spurgte ham, om han ville være lys som sin mor. Han protesterer. Det er årsagen til, at han græder!"

Alle var fornøjede over at høre hans søde bemærkning og lo anerkendende. Amma lo også og gav babyen tilbage til sin mor.

Nødvendigheden af tapas

Amma vendte tilbage til beboerne, som sad ved siden af Hende og sagde: "Der er behov for gevaldig *tapas*, (askese, anstrengelse) når en ny fødsel skal finde sted. Se for eksempel på et barns fødsel. En moder udfører bogstaveligt talt *tapas* under sin graviditet. Hun er nødt til at være forsigtig med alt, hvad hun gør, måden hun bevæger sig på, hvordan hun gør ting, og selv måden hun ligger ned på. Der er bestemte typer mad, hun ikke kan spise, og hun må ikke anstrenge sig for meget med fysisk arbejde. Hun er måske nødt til undgå bestemte situationer, hvor hun kunne blive nervøs eller oprevet, og det vil ikke være godt for hende at gruble over ting og være nervøs. Kun når en mor følger alle de råd, som lægen giver hende, kan hun føde et sundt og intelligent barn. Hvis hun begår fejl, kan det skade barnet. Den gravide kvinde vil hele tiden tænke på barnet, som hun bærer i sig. Hun vil aldrig glemme babyen et eneste øjeblik, men have en meget stor opmærksomhed på den. På samme måde skal vi forpligte os til den spirituelle fødsel, som er ved at finde sted i os. Denne forpligtelse er kendt som *tapas*. Hvad som helst, vi skal give liv til, uanset om det er fødslen af en nation, en institution eller forretning, kræver det en stor grad af *tapas*. Kun gennem *tapas* kan man opnå det højeste inden for et område; uanset hvilket. Det gælder både for mennesker med spirituelle og materielle mål i tilværelsen. Hvis man ønsker sig at være en virkelig mester på sit område, så er *tapas* en fuldstændig og afgørende nødvendighed."

"At søge spirituel fuldendelse er at dø og blive født igen. Egoet må dø. Kun sådan kan det virkelige i dig blive født. Og som ved enhver fødselsproces, må man gennemgå *tapas,* intens *tapas. Tapas* er på en måde uundgåelig; det er den smerte, man er nødt til at gå igennem, når der er noget man ønsker at opnå. For at nå et spirituelt mål, kræves der den højeste grad af *tapas*. Forskellen mellem spirituelle mål og andre mål handler kun om grader. Spirituel realisering er den højeste form for lykke, man kan opnå, og derfor er man også nødt til at betale en meget høj pris."

"Det er bare sund fornuft. Den glæde, vi opnår fra den ydre verden er flygtig; den varer aldrig ved særlig længe. I det ene øjeblik er den der, og det næste øjeblik er den forsvundet. Men sådan er spirituel lyksalighed ikke. Når det endelige gennembrud opstår, med andre ord, når man transcenderer kroppens, sindets og intellektets begrænsninger, og når man er inde i den tilstand, er der ingen vej tilbage. Lyksaligheden er evig. Og den er ubegrænset. Men hvis det skal ske, må man betale en tilsvarende høj pris. Det er ikke tilstrækkeligt bare at betale med en del af sig selv, man er nødt til at betale med alt. Man er nødt til at give hele sit liv."

"Man er nødt til at ofre en hel del bare for at opnå få materielle ting, få en højere position eller blive berømt. Man er nødt til at studere og træne, så man får en egnet uddannelse, der passer til det område, man ønsker at kvalificere sig indenfor. Mange mennesker ofrer familielivets glæder for at opnå en højere position i samfundet eller for at få en forretning, der giver en bedre økonomi. Meget tid og energi må bruges for at opnå målet. Jo mere glæde, man ønsker sig, des større indsats er nødvendig, og des højere er prisen, man må betale."

"Uanset hvor meget man vokser materielt, vil smerten og anspændtheden fortsat være der. Det hører ikke op. Men i spiritualiteten, vil man ved den højeste tinde opleve, at al smerte og anspændthed forsvinder. Man bliver fuldstændig uafhængig og afslappet."

"Hvis man på den anden side ønsker at blive i sin lille by og stille sig tilfreds med et beskedent arbejde og familielivets glæder, er det i orden. Det er mindre anstrengende og vil kræve meget mindre tid og energi. Den *tapas* eller smerte, man gennemgår, vil være betydeligt mindre. Men hvis man er meget ambitiøs og ønsker at tjene flere penge, fordi man tænker, at det vil gøre en mere glad, så er man nødt til at gennemgå mere *tapas*. Hvis man ønsker at blive læge eller videnskabsmand i et fremmed land, f.eks. USA, så vil smerten eller *tapas* (forpligtelsen) være mere intens og stor."

"Så hvis et menneske ønsker sig at blive det lykkeligste menneske i verden, er den eneste vej til at opnå den højeste lykke at leve et spirituelt liv og udføre meget intens *tapas*. Det er enkelt og logisk.

Blot for at eje få ting – et hus, en bil, et stykke jord – er man nødt til at betale en stor pris, og der er opofrelse involveret i det. Men spiritualitet er ligesom at være ejer af hele universet. Hele universet bliver ens eget; det bliver ens tjener, og man bliver mester. Man kan forestille sig omfanget af den *tapas*, der er nødvendig for at eje universet, for at blive så rig, for at være Herre i universet og for at være den lykkeligste af alle i alle de tider, der vil komme."

"Ja, børn, det er en ny fødsel. For at blive spirituel i den egentlige forstand, er man nødt til at blive født igen. Og kun når man selv dør, bliver det virkelige Selv født."

"Når frøets ydre skal brydes ned og forsvinder, vil spiren vokse frem. Den vil gradvist vokse og blive et træ, der kaster skygge og har en stor mængde blomster og frugter. På samme måde må kroppen og selvet dø, så vi kan vokse ind i Atman (Selvet.)"

"Ligesom en mor er villig til at udholde smerten ved at føde et barn, skal en sand *sadhak* (spirituelt søgende) være villig til at gennemgå smerten ved *tapas* med stor udholdenhed og kolossal opmærksomhed, så han kan blomstre og blive en guddommelig, smuk og duftende blomst. Knoppen åbner sig, så blomsten kan springe ud, og når knoppen åbner sig, er det smertefuldt. I den nuværende tilstand er hjertet som en knop, og hvis hjertet skal åbne sig, er smerten og afsavnet, som er forbundet med *tapas,* uundgåelig. *Tapas* betyder bogstaveligt talt hede. Kun den hede, som skabes ved *tapas,* og kun den smerte og længsel, det skaber, kan brænde sindet, alle dets tanker, dets *vasanas* (tilbøjeligheder) og egoet. Processen med at åbne sig er smertefuld, men når hjertet åbner sig, er skønheden og udstrålingen i hjertets guddommelige blomst ubeskrivelig og evig."

Vær en uskyldig begynder

Spørgsmål: "Hvad er den bedste måde at få denne åbning til at ske?"
Amma: "Søn, kan du hele tiden blive ved med at være en begynder?
Hvis du kan blive ved at være en uskyldig begynder, er det den
bedste måde at få åbningen til at indfinde sig. "

En brahmachari udbrød: "En begynder! Hvad mener Du med
det, Amma? "

Amma: "Ja, søn, kun når man er opmærksom på sin egen uviden-
hed, kan man fastholde den indstilling, man har som begynder. En
begynder er altid uvidende og ved godt, at han er det. Derfor lytter
han meget opmærksomt. Han er åben og modtagelig. Når man først
tror, at man ved noget, holder man op med at lytte; man snakker
bare. Ens sind og intellekt er blevet fyldt op. Man er ikke længere
en begynder, man er blevet en lærd person. Men i virkeligheden er
en lærd person mere uvidende end andre, fordi han er fuldstændig
lukket. Han har mistet evnen til at være åben og modtagelig. Han
er måske lærd, men han har ikke en virkelig viden. Virkelig at
vide noget er anderledes end at være lærd. Man er nødt til at være
åben for at vide. Man er nødt til at være en uskyldig begynder.
Fordi begynderen kan bøje sig i ydmyghed kan den sande viden
flyde ind i ham. Men en lærd person er fyldt med information og
er ofte egoistisk. Han kan ikke bøje sig og være uvidende. Derfor
kan sand viden ikke komme ind i ham. Der er ikke plads til den,
og så flyder den ud."

"Amma vil fortælle jer en historie. En gang boede der en *Mahat-
ma* inde i en dyb skov. En dag kom en lærd mand ind i skoven for
at besøge ham. Den lærde mand havde meget travlt og sagde til
Mahatmaen: "Ærede Herre, kan du fortælle mig noget om medi-
tation?" *Mahatmaen* smilede til ham og sagde: "Hvorfor har du så
travlt? Sæt dig ned, slap af og drik en kop te. Så kan vi tale om det
bagefter, der er tid nok." Men den lærde mand var meget rastløs og

utålmodig. Han sagde: "Hvorfor kan vi ikke tale om det lige nu? Fortæl mig noget om meditation!!" Men *Mahatmaen* insisterede på, at den lærde mand skulle sætte sig, slappe af og drikke en kop te, inden han snakkede med ham. Omsider var den lærde mand nødt til at give efter for *Mahatmaen*, og han satte sig ned. Men det er lærde mænds natur, at de har meget vanskeligt ved at slappe af. Manden talte konstant indeni. *Mahatmaen* tog sig sin tid. Han lavede te og kom tilbage til den lærde, som utålmodigt ventede på ham. *Mahatmaen* rakte koppen og underkoppen til den lærde og begyndte så at skænke teen. Koppen blev fyldt op, og teen begyndte at flyde over, men *Mahatmaen* holdt ikke op med at skænke den. Så råbte den lærde: "Hvad laver du? Koppen er fyldt! Hold op med at hælde mere ned i den!" Men *Mahatmaen* fortsatte med at skænke. Teen flød ned i underkoppen, og derfra begyndte den langsomt at dryppe ned på gulvet. Den lærde råbte med skinger stemme: "Halløj, er du blind! Kan du ikke se, at koppen er fuld, og at den ikke kan rumme en eneste dråbe til?" *Mahatmaen* smilede og holdt op med at skænke mere te. "Det er rigtigt," sagde han. "Koppen er fuld, og den kan ikke rumme mere. Hvordan vil du, som er fuld til randen med information, kunne lytte til mig, når jeg taler om meditation? Det er umuligt. Først er du nødt til at tømme dit sind, og bagefter kan jeg tale med dig. Men meditation er en erfaring; den kan ikke forklares med ord. Meditation sker kun, når du slipper af med dit sind og dine tanker.""

Amma fortsatte: "Lærde eller intellektuelle mennesker kan kun finde ud af at tale. De kan ikke lytte. Det er kun muligt at lytte, når man er tom indeni. Kun et menneske, som har indstillingen "Jeg er en begynder, jeg er helt uvidende" kan lytte med tro og kærlighed. Andre kan ikke lytte."

"Når man ser to lærde tale med hinanden, vil ingen af dem lytte til, hvad den anden siger. Men man kan også se, at den ene af dem er stille, mens den anden taler, og vice versa. Så kan man forledes til at tro, at de lytter til hinanden, men det gør de i virkeligheden ikke. De kan ikke lytte. Når en af dem taler, vil den anden måske ikke tale udadtil, men indeni sig selv taler han, han danner sine ideer og fortolkninger. De venter hver især på, at den anden skal stoppe med at tale, og der vil ikke være nogen forbindelse mellem det, de siger til hinanden. Den ene vil tale om A, den anden vil tale om Z. Ingen af dem er gode til at lytte; de kan kun finde ud af at tale selv."

Hvordan man lytter

"Hvis man ønsker at være en god discipel, skal man lære at være god til at lytte, at være en lytter, som er udrustet med tro og kærlighed. Man er altid nødt til at have en indstilling, som om man er en nybegynder for at kunne lytte ordentligt. En sådan nybegynder vil være helt åben og uskyldig, ligesom et barn."

Spørgsmål: "Amma, jeg føler, at jeg lytter, når Du taler. Jeg tror ikke, at jeg snakker med mig selv, når Du taler, eller gør jeg?"

Amma: "Søn, Amma siger ikke, at du ikke lytter. Du lytter, men kun delvist. Du lytter med sindet. Din lytten er opdelt og ikke udelt."

"Når man for eksempel betragter mennesker, der ser cricket eller fodbold kamp, vil man bemærke, at de nogle gange glemmer sig selv. Når deres yndlingsspiller slår til bolden eller sparker til bolden, gør tilskuerne selv nogle mærkelige bevægelser med hænder eller ben, og nogle gange kan man se nogle underlige udtryk i deres ansigt. De deltager med kroppen. Men de har ikke glemt sig selv fuldstændig; de er der stadig, de er kun delvist fordybet i kampen."

"Når en stor musiker optræder, vil lytterne deltage, bevæge hoved og hænder og klappe. Men det er kun delvis deltagelse, kun følelsesmæssig deltagelse. Hele ens væsen er ikke involveret."

"Når man lytter til en sang, er man til stede; men når man virkelig deltager, er man helt fraværende. Man glemmer sig selv. Hele ens væren, hver celle i kroppen åbner sig, og man modtager fuldt og helt uden at gå glip af en eneste dråbe. Når man indtager objektet for sine tanker eller meditationer, vil man blive et med det. I denne form for deltagelse er man selv helt fraværende. Det er som om spilleren er fraværende – kun spillet eksisterer. Sangeren er fraværende – kun sangen eksisterer."

"Da Mira Bai sang og dansede, deltog hele hendes væsen. Da *gopierne* fra Vrindavan længtes efter at se Krishna, deltog hele deres væsen. De glemte sig selv. De identificerede sig med Krishna."

"Ens lytten er kun fuldstændig, når hele ens væsen deltager. Kun sådan kan sand viden flyde ind i en. Når man lærer at lytte til sin Mester med hele sit væsen, er man selv fraværende. Man kan ikke være til stede; sindet eller egoet kan ikke være til stede, når man lytter eller deltager på den måde. Man identificerer sig med sin Mester, med hans uendelige bevidsthed, og man bliver alt."

"En gang gik Herren Krishna og Arjuna en tur. De førte en lang, behagelig samtale med hinanden. På et vist tidspunkt sagde Krishna til Arjuna: "Du siger, at du tror, at jeg er en inkarnation af Gud. Så må du komme med mig, for i dag er der noget, jeg godt vil vise dig." Sammen gik de gennem landskabet. Efter et stykke tid stoppede Krishna og pegede på en stor busk med vindruer, som voksede på marken, og Han sagde: "Hvad kan du se der?" Arjuna svarede: "Jeg kan se en stor busk, som har store klaser med modne druer." Herren sagde: "Du tager fejl Arjuna. Det er ikke en busk, og det er ikke vindruer. Se nærmere efter." Arjuna kiggede en ekstra gang på busken og blev forbløffet, da han opdagede, at der hverken var nogen druer eller nogen busk foran ham, der var kun Herren. Der var ingen klaser med druer, der var kun utallige former af Krishna, som hang på en af Krishnas former."

"Når man deltager helt og fuldt, bliver man altet. Man identificerer sig med hele universet. En ny verden åbner sig for en, og man bliver permanent forankret i den tilstand."

Tre typer elever

"I skrifterne står der noget om tre forskellige typer elever. De bedste og dygtigste elever lytter til Mesterens ord med hele deres væsen. Hvis Mesteren fortæller eleven, at "Du er Brahman," vil han med det samme realisere Brahman, den Absolutte Virkelighed. Hvordan kan det forekomme? Fordi han lytter fuldstændigt – hele hans væsen deltager, når han lytter. Han lytter med fuld tro og ubetinget kærlighed. En sådan elev har en uslukkelig tørst efter viden. Han slukker sin tørst i Mesterens ord – nej, han slukker sin tørst i Selve Mesteren, med hele sit væsen. Talemåden "Du er Brahman" går lige ind i hans hjerte, så han realiserer det med det samme."

"En sådan disciple har en indstilling som en begynder, han forholder sig som en uskyldig nybegynder. Det kan godt være, at han har lært alle skrifterne at kende, men han formår alligevel at være som en begynder, uskyldig som et barn. Han er meget ydmyg, og derfor kan sand viden flyde ind i ham. Den dybeste viden er kun tilgængelig, når man lærer at deltage med hele sit væsen, og det sker kun, når man har lært kunsten at bøje sig for alt i skabelsen med fuldkommen ydmyghed."

"Den anden type elev lytter, men kun delvist. Det vil tage meget længere tid for ham at erkende sandheden. Han lytter, men kun følelsesmæssigt – han lytter ikke fuldstændigt. Hans lytten er delt; hans tro og kærlighed er delt. Derfor er Mesteren nødt til at være meget tålmodig med ham, så han kan lære at lytte fuldstændigt. Han mestrer endnu ikke kunsten at glemme alt og deltage med hele sit væsen. Sand viden kan kun trænge ind i ham, hvis han lytter til Mesteren med en intensitet, der får ham til at glemme sig selv. Sindet, som altid er svingende og tvivlende, vil ikke tillade ham at være en uskyldig begynder, så viden frit kan flyde ind i ham. Nogle gange formår han at gøre det, men det varer ikke længe, inden sindet kommer tilbage. Modtageligheden kommer og går.

Sindet tillader ham ikke at forblive stabilt i den tilstand. Sindet skal slet ikke afbryde. Det skal ikke stille spørgsmål. Kun når sindet holder op med at afbryde, bliver det muligt at lytte fuldstændigt. Indtil da vil eleven kun lytte delvist. Men en sand Mester, som er inkarnationen af tålmodighed og medfølelse, vil hjælpe ham til at nå det endelige mål."

"Den tredje type elev er intellektuelt inklineret. Han er meget snaksalig indeni, og hans sind indeholder så mange informationer, at han slet ikke kan lytte. En sådan elev vil være meget egocentrisk og holdningen "jeg" og "min" vil være fremherskende i ham. Mesteren er nødt til at vente med endeløs tålmodighed for at kunne føre ham mod lyset. Disciplens evne til at lytte er yderst ringe, fordi han overhovedet ikke kan finde ud af at være en uskyldig begynder. Han kan ikke bøje sig og være ydmyg, og derfor kan sand viden ikke strømme ind i ham. Selv om Mesteren konstant gentager det for ham "Du er Gud, Du er Gud… Du er Brahman, den Absolutte", så vil eleven konstant indeni spørge "Hvordan? Hvorfor? Hvad? Hvornår?" i det uendelige, fordi hans intellekt er spækket med hans egne ideer og med det, han har læst i skrifterne. Mesteren må have en gevaldig tålmodighed for at bringe denne type elev ind på det rette spor. Kun en guddommelig diskos kan åbne en sprække i en sådan elev. Den sande Mester vil bruge den sande videns gudommelige diskos til at åbne elevens ego. Han vil tømme hans intellekt ved at få ham til at mærke den tunge byrde af begrænset viden, som har hobet sig op i ham, og han vil fylde elevens hjerte med sand viden og med Guds lys og kærlighed. Det er et gevaldigt arbejde, som kun kan gøres af en sand Mester. "

Amma er et levende eksempel på en, som gør alt med hele Sit væsen. Hele hendes væsen deltager under *darshan*, når Hun taler eller synger *bhajans,* og når hun arbejder sammen med alle i ashrammen. Amma deltager fuldt og helt i alt, hvad Hun gør i et givent øjeblik. Når Hun modtager sine børn under *darshan*, ofrer Amma sig til dem og glemmer sig selv. Amma tænker ikke på Sin egen krop eller fysiske komfort. Hun er fuldstændig tilgængelig for Sine hengivne og ofrer sig for dem med hele Sit væsen, Hun tager del i deres sorger og glæder, deres succes og fiasko. Hun er fuldstændig nærværende uden nogen form for ego eller vurdering.

I alt hvad Amma gør, deltager hele Hendes væsen. Hun er fuldstændig i nuet. Vi ser kun Hendes ydre form, men Hun er der ikke. Kun Ren Væren eksisterer. Hendes nærvær og deltagelse er fuldkommen, og det er dybt inspirerende. Amma kan ikke gøre noget halvhjertet. Hun kan kun deltage i Sin fuldkommenhed. Det er denne fuldkommenhed, som gør Ammas nærvær til en så vidunderlig og uforglemmelig oplevelse i ens liv. Og det er denne fuldkommenhed, som gør, at alt, hvad Hun gør, er kendetegnet ved en særlig udstråling og skønhed. Det bliver en meditation. Ammas smil, måden Hun går, Hendes stemme, Hendes blik og Hendes berøring, den mindste deltalje i alt, hvad Amma gør er så perfekt, fordi Hun er *Purnam*. Hun er Helheden.

KAPITEL 5

Amma var i Calicut i et par dage. Det var Hendes første besøg i denne del af staten. Hun boede i en hengivens hjem. Morgenens *darshan* blev også holdt i hjemmet. Hver dag var der en strøm af hengivne, som kom dertil for at modtage Ammas *darshan*. Amma sad på en feltseng i et stort værelse og modtog den ene hengivne efter den anden. Ammas værelse befandt sig på første sal i bygningen, og der var en lang kø uden for værelset med mange mennesker, som tålmodigt ventede på, at det skulle blive deres tur. Køen gik hele vejen ned ad trappen og fortsatte ud gennem hoveddøren og ud på gaden. I Ammas værelse var nogle mennesker fordybet i meditation, mens andre blot sad og så forundrede på Amma. *Brahmacharierne* sang *bhajans*. En professionel musiker ytrede ønske om at synge en sang om Amma, som han selv havde lavet melodien til:

Paravasamannen Hridayam

Mit sind er dybt forpint
af utallige distraherende tanker
Åh Moder, vent ikke længere!
Pas på den ulykkelige

Vid at jeg hjælpeløst falder
i havets dyb
Åh Moder
som har været kendt blandt os gennem tidsaldre
vil Du ikke komme
og lindre mine grædende øjnes smerte?

Mit sind er oprørt af alle dets uheldige bølger
Jeg kæmper i dette ocean af ild

72

uden at nå frem til kysten
uden at have set Dine Lotus Fødder

En vision af Amma som Parashakti

Da sangen var forbi, rejste en kvinde sig pludselig, midt imens hun var ved at få Ammas *darshan,* og hun begyndte at danse og synge, mens hun gentog matraet "Aum Parashaktyai Namah". Kvinden løftede hænderne over hovedet og lagde håndfladerne mod hinanden. Øjnene var lukkede, og tårer strømmede ned af kinderne. Hun så meget lyksalig ud. Hun udstrålede den fred og glæde, som man ser hos mennesker, der er fuldstændig fordybet i meditation.

I denne lyksalige tilstand udbrød kvinden: "Jeg er virkelig velsignet i dag! Ved at røre Dine hellige fødder, er jeg blevet velsignet og renset. I dag har jeg set *Parashakti.* [2] Åh Amma, forlad mig aldrig!"

Nogle af de hengivne forsøgte at løfte hende og bære hende ud af væreset. Men Amma afbrød dem og sagde: "Nej, nej, det er helt i orden! Hun er lyksalig. Lad være med at røre ved hende. Lad hende danse og synge." Efter at have modtaget Ammas anvisninger, opgav de hengivne ideen om at få kvinden ud, og hun blev ved at være i den samme lyksalige stemning og fortsatte med at danse og synge et stykke tid endnu.

Senere fortalte kvinden om sin oplevelse:

"Mens jeg ventede foran Amma, så Hun på mig og smilede så kærligt. Det smil var ligesom et lyksaligt, elektrisk chok, som fik hårene til at rejse sig på mit hoved. Jeg oplevede det som om, at jeg mistede kropsbevidstheden, og jeg faldt ned i fuldstændig ærbødighed foran Amma. Jeg råbte og bad: "Åh Amma, store Fortryller, beskyt mig! Åh Amma, beskyt mig! Åh Parvati, Herren Shivas hellige ledsager, må jeg søge tilflugt hos dig!" Med uendelig kærlighed og ømhed, holdt Amma om mig, Hun lod mig komme nærmere og

---

[2] Den Højeste Kraft eller den Guddommelige Moder.

lagde mit hoved i Hendes skød. Så løftede Hun mit hoved fra Sit skød og satte et mærke på min pande med sandel-pomade. Denne guddommelige berøring var en yderst lyksalig oplevelse. Mine øjne var vidtåbne. Det var som en oplevelse i det ydre rum. Jeg var fuldstændig indhyllet i en guddommelig følelse, nærværet var så tydeligt og håndgribeligt, at jeg følte det, som om jeg flød i luften, som om jeg var flydende i en følelse af perfekt fuldkommenhed. Men det jeg så foran mig var helt utroligt. Det var ikke en drøm eller en illusion – det var virkeligt og lige så klart, som når jeg ser dig nu."

Kvinden var meget oprevet. Hun var ikke i stand til at sige mere, det var som om ordene ikke kunne komme gennem halsen. Øjnene var stadig tårefyldte, og hun virkede ekstatisk. Den, der lyttede ønskede at høre sidste del af fortællingen og sagde: "Vil du ikke fortælle om den vision, du fik. Hvad så du?"

Det lykkedes på en eller anden måde kvinden at kontrollere sine følelser, og hun sagde: "Jeg så Devis smukke og fortryllende form lige foran mig, i al sin pragt og herlighed sad Hun i lotusstilling med alle Sine våben i hænderne. Ingen ord kan beskrive den vidunderlige oplevelse, jeg fik. Mit hjerte var beruset af lykke. Der var kun lykke, lykke, lykke – jeg druknede i den højeste lykke." Kvinden udstrålede også stor lykke, mens hun talte om sin oplevelse.

De fire dages besøg i Calicut var uforglemmelige. En endeløs strøm af hengivne kom for at søge Ammas velsignelser. Morgenens darshan begyndte halv ti og sluttede halv fem hver eftermiddag. De fleste aftenprogrammer foregik i forskellige offentlige bygninger. Mennesker med alle slags baggrund kom for at møde Amma. Der var børn, gamle, *sannyasins,* intellektuelle, studerende, advokater, læger, arbejdere, politikere og journalister. Om morgenen var der næsten ingen plads til overs. Ammas måde at give *darshan* til de hengivne er ubeskrivelig. Ligesom man ser sit eget billede i et spejl, ser mennesker deres egen sande natur, deres eget Selv, i Amma. De oplever, at formålet med deres liv er opnået. Og Amma opfylder deres ønsker; Hun ved, hvad hver af dem ønsker, og det er tilgængeligt i overflod fra den utrættelige kilde i Hendes uendelige Selv.

Er religioner ansvarlige for nutidens konflikter?

En journalist, som kom for at se Amma under hendes besøg i Calicut, havde følgende samtale med Hende:

Spørgsmål: "Amma, det er meningen, at religion og spiritualitet skal guide mennesker i den rette retning og give dem fred i sindet. Religiøse og spirituelle mennesker er dem, som er katalysatorer for at skabe harmoni og integritet i samfundet og mellem mennesker, ikke sandt? Men det virker som om de også skaber en masse forvirring, konflikt og splittelse i samfundet. Kan du forklare, hvorfor det er sådan?"

Amma: "Søn, problemet er ikke religion eller spiritualitet. Det er det menneskelige sind. Kernen i alle de religiøse principper er kærlighed, fred og harmoni. Spirituelle mestre har aldrig forkyndt selviskhed, og de har aldrig opfordret mennesker til at kæmpe mod hinanden."

"De konflikter og problemer, som i denne tid kaldes religiøse, skyldes mangel på egentlig forståelse af de religiøse principper."

"I disse moderne tider lever mennesker ud fra sindet snarere end fra hjertet. Sindet skaber forvirring. Det er hjemsted for selviskhed og ondskab. Sindet huser al vores tvivl, og intellektet rummer vores ego. Når man især er nærværende i sindet og egoet, tænker man kun på penge, berømmelse og magt. Man tænker ikke på andre, man tænker kun på sig selv og sin egen status. Der er ingen følelser i hjertet. Intellektet får en til at tænke "Jeg og jeg alene". Sindet sørger for, at man konstant er optaget af tvivl, mistro og tilknytning. Uden tro, kærlighed og medfølelse, skabes der et helvede indeni en."

"De intellektuelle fortolker principperne på en måde, som folk tror på, og så bekæmper de hinanden. Det er det, der sker i vores samfund. Inden for hver enkelt religion findes der skriftkloge og sind, som lytter til dem. De intellektuelle fortolker skrifterne og mestrene inden for deres religion, og uvidende mennesker er lette ofre for den måde, de definerer tingene på, og de ender med at slås. De intellektuelle bliver ledere og ærede rådgivere. De bliver idealiseret af dem, der følger dem, og æret som om, de var Gud. Men i virkeligheden er Gud fuldstændig blevet glemt. Sandheden og de essentielle værdier i religionen er fuldkommen glemt. Man ignorerer selve formålet med religion og religiøs praksis."

"Desværre ledes de fleste religioner af lærde og skriftkloge. Kun hjertet kan guide et menneske, men hjertet er blevet glemt. Kun en sand Mester, som er forankret i hjertet, kan kaste lys på den religiøse vej. Kun et sådant menneske kan forene mennesker; det er kun ham, som kan få folk til at forstå den sande betydning af religion og religiøse principper."

"Ingen, som virkelig har forstand på sand religion, kan bebrejde religion og de sande religiøse mestre for de ulykker, som sker i religionens navn. Fejlen ligger hos de lærde, som fortolker den, og ikke hos de uskyldige, som følger fortolkningerne. Hele ansvaret ligger hos de pseudoreligiøse lærere, religionens såkaldte fakkelbærere, fordi de vildleder folk. De ønsker at påtvinge andre deres egne ideer og onde visioner. De er spækket med deres egne ideer og fortolkninger og ønsker, at andre mennesker skal lytte til dem. Deres ego kræver opmærksomhed, og fordi de er grådige og ønsker at modtage anerkendelse, får disse yderst selviske mennesker andre uskyldigt troende til at bede til dem – til deres egoer."

"De uskyldige, som følger deres ord, har fuld tiltro til deres fortolkninger. Egoet er selvfølgelig langt stærkere end sindet. Sindets iboende natur er svaghed. Egoet er beslutsomt, hvorimod sindet altid tvivler og er svingende og ustabilt. De lærde og skriftkloge fortolkere inden for næsten alle religioner er besluttede på at overbevise andre mennesker. De enorme egoer og den intellektuelle beslutsomhed kan let overvinde det svage sind, som findes blandt de mennesker, som følger dem. På den måde sejrer de over uskyldigt troende, som ender med at kæmpe for dem."

"Den type lærde og intellektuelle har ingen tro, kærlighed eller medfølelse. Deres mantra er penge, magt og prestige. Derfor skal man ikke bebrejde religionen, spiritualiteten eller de sande mestre for nutidens problemer. Der er intet galt med spiritualitet eller religion. Problemet er det menneskelige sind."

Journalisten virkede overvældet. Han var stille i et stykke tid, inden han stillede det næste spørgsmål.

Religion og spiritualitet

Spørgsmål: "Amma, er spiritualitet og religion to forskellige ting, eller er de det samme?"

Amma: "Spiritualitet er det egentlige ord for religion. Religion er overfladen, religion er ydersiden, og spiritualitet er indersiden. Religion kan sammenlignes med den ydre skal på en frugt, mens spiritualitet er den egentlige frugt – dens essens. Spiritualitet er religionens sande essens; spiritualitet og religion er i virkeligheden samme ting. Man kan ikke skelne mellem religion og spiritualitet, men det kræver den rette skelneevne og forståelse, hvis man skal trænge gennem den ydre *skal* og dykke dybt ned i den sande essens."

"Folk tror fejlagtigt, at religion og spiritualitet er to forskellige ting. Men disse to er lige så indbyrdes afhængige som krop og sjæl. Hvis det ses og vurderes ud fra sindet og intellektet (egoet), vil man kunne se en forskel. Når man går dybere, vil man finde ud af, at det er det samme."

"Hvis sand religion og religiøse tekster kan sammenlignes med oceanets overflade, er spiritualitet lige som perlerne og de ubetalelige skatte, som er skjult dybt nede i vandet. Den virkelige skat findes dybt indeni."

"Religionens overflade, de religiøse tekster og skrifter, tilfredsstiller intellektet, hvorimod spiritualitet, som er religionens inderste dyb, giver sand glæde og fred i sjælen, fordi den beroliger sindet. Søgen begynder på overfladen, men vil uvægerligt kulminere i religionens inderste. Gennem studiet af *Vedaerne, Upanishaderne* og andre skrifter, kan man opnå et vist mål af intellektuel tilfredsstillelse. Det tilfredstiller egoet, men sindet bliver ved med at være oprørt og uroligt. Men det kan få os til gradvist at vende os fra den ydre religion til den indre religion. Når søgen efter religionens overflade hører op, vender vi os indad, og det er spiritualitet. Det ydre kan aldrig give os fuldstændig lykke. Før eller siden er man nødt til at vende sig indad mod den virkelige kilde. Intellektuel glæde kan aldrig gøre os virkeligt lykkelige. Man kan føle sig overbevist i et øjeblik, men herefter begynder tvivlen, spørgsmålene og ræsonnementerne igen."

"Vi kan forestille os, hvordan det er, når man får en kokosnød og aldrig har set sådan en før. Man har hørt, at den er meget sund at spise, og at mælken er vidunderlig at slukke sin tørst i. Når man holder om kokosnøden, kan man se, at overfladen ser fin og grøn ud. Man tror, at overfladen er den virkelige kerne og begynder at bide i den. Men der sker ikke noget. Den er så hård, at gummerne bløder, og det begynder at gøre ondt i tænderne. Mens man er i færd med at smide kokosnøden væk, opdager en forbipasserende problemet. Han siger: "Nej, nej, lad være med at smide den væk! Kernen og mælken er indeni. Hvis du åbner den, så vil du finde ud af det." Så går manden sin vej. På en eller anden måde får man åbnet kokosnødens yderste skal. Så finder man en række brune fibre og en hård skal indenunder. Man forveksler fibrene med kernen og forsøger at tygge på det. Det er blødere end den yderste skal, men smager mærkeligt. Laget nedenunder er endnu hårdere; det giver ikke mening at forsøge at bide i det. Man spytter alle fibrene ude og er lige ved at smide kokosnøden væk i fuldkommen desperation.

79

I det øjeblik dukker der et andet menneske op. Denne mand har også set ens kamp med kokosnøden. Han tager den og åbner den for en. Man drikker den søde, forfriskende mælk; man spiser kernen og føler sig fuldt og helt tilfreds. Endelig er tørsten slukket, og sulten er stillet. "

"Det er noget tilsvarende, som er sket med spiritualitet og religion. Man forveksler overfladen med det inderste. Overfladen er en del af det indre. De er uadskillelige. Overfladen er religion, og det indre er spiritualitet. Det kan også forklares på en anden måde. På samme måde som kokosnødens skinnende overflade ser menneskets krop smuk ud. Folk forveksler kroppen med sjælen, Atman, og fordi de knytter sig stærkt til kroppen, fokuserer de opmærksomheden på den. Man er nødt til at søge hinsides kroppen for at erfare Selvet, ens sande essens. Men hinsides kroppen findes det mere subtile og komplicerede sind. På grund af manglende skelneevne tror mennesker også, at sindet er Atman. At søge hinsides sindet og dets forvirrede tanker er langt mere vanskeligt. Indeni sindet findes en langt hårdere kerne, som består af intellektet og egoet og dets oplevelse af "Jeg" og "min". Først når det lag er overskredet, finder man kernen, den virkelige Essens. Kun en sand Mester kan guide en til livets inderste hemmelighed. De fleste mennesker er enten fastlåste i kroppen eller i sindet og intellektet (egoet). Kun når man trænger igennem disse tre lag og bevæger sig hinsides dem, kan man finde den sande lykke, religionens sande essens, som er spiritualitet."

"Ligesom kokosnødens overflade kan religionens overflade og al den synlige pomp og pragt være tiltrækkende og besnærende. Men man får i virkeligheden ikke noget ud af det, man kan endda blive ført bag lyset af det. Hvis man knytter sig for stærkt til overfladen, vil det kun give mere smerte og flere problemer."

"Desværre ser mennesker ikke virkeligheden med de rette øjne. De er mere tiltrukket af illusioner end af det virkelige, af overfladen end af det inderste. Mennesker er meget knyttede til egne anskuelser og har svært ved at relatere sig til andet. De lever med deres egen forståelse af, hvad religion er, og den kan være meget langt fra sand religion."

"Børn, her kommer en historie, Amma har hørt: En gruppe turister rejste gennem et landområde, da deres bus gik i stykker. Beboerne i området gav dem noget at spise. Men de fremmede retter tog sig mærkelige ud set med deres øjne; turisterne var endda bange for, at maden var fordærvet, og selvom de var meget sultne, tøvede de med at spise den. På det tidspunkt kom en hund forbi. Turisterne kastede noget af maden hen til hunden, som hurtigt slugte den. De undersøgte nøje, hvordan hunden ville reagere på den mad, den fik. Men hunden så ud til at nyde maden uden nogen problemer. Den næste morgen fandt de ud af, at hunden var død, hvilket betød, at maden alligevel havde været fordærvet. Turisterne var chokerede. Kort tid efter blev mange af dem alvorligt syge og fik symptomer på madforgiftning. Man fandt en læge til dem. Da man informerede ham om situationen, spurgte han til hunden, fordi han ønskede at sikre sig, at man havde forstået årsagen til dens død. Der var en af beboerne i området, som forklarede, hvad der var sket med hunden. "Jeg smed den ned i en grøft, fordi den var blevet kørt over af en bil.""

"Religionens virkelighed er noget, som findes hinsides menneskers antagelser om den. De såkaldte intellektuelle og lærde inden for alle religioner har belært mennesker om en religion, de selv har skabt; en religion, der svarer til deres egne ideer, og som kun har meget lidt at gøre med den sande religion og dens essentielle principper. De narrer mennesker til kun at følge religionens ydre aspekter og aldrig de indre. Hvis religionernes indre enhed blev afsløret, ville de intellektuelles egen vigtighed være langt mindre, og de ville ikke modtage mere opmærksomhed. Det er årsagen til, at de fremhæver de overfladiske forskelle. Ellers ville deres egoer sulte, og det ville de ikke kunne bære. Fordi de selv sidder fast i deres egne intellektuelle antagelser, kan de ikke indoptage spiritualitetens virkelige princip-per; og hvis de ikke selv er trængt ind i dem, hvordan kan de så belære nogen om spiritualitet?"

"Når først mennesker begynder at forstå den indre betydning af religion, vil de begynde at forlade de falske religiøse ledere. De vil ikke længere søge deres vejledning, fordi de vil vide, at kun et menneske, som er hinsides egoet, er i stand til at vejlede dem og vise dem livets virkelig mål."

"Essensen i alle sande religioner er spiritualitet. En religion uden spirituelle principper som basis er som en kunstig frugt lavet af voks. Sådan en religion vil være et kunstigt lem, som savner enhver form for liv eller vitalitet. Det er som en hul skal uden virkelig frugt indeni."

"Spiritualitet er det dybere lag, som alle sande religioner hviler på. Ingen religion vil eksistere i særlig lang tid, medmindre der ligger spirituelle principper til grund for den. En sådan religion vil hurtigt forsvinde."

"Det er ligesom Brahman, den Absolutte, og fænomenernes verden. Verden kan ikke eksistere uden Brahman, for Brahman er det dybere lag, som verdens eksistens grunder i. Men Brahman eksisterer uden verden. På samme måde kan religionen ikke findes uden spiritualitet. Men spiritualitet kan eksistere uden religion. Det kan også sammenlignes med kroppen og sjælen (Atman). Sjælen er nødvendig, for at kroppen kan eksistere, men sjælen eksisterer uden kroppen. Religion og spiritualitet er essentielt en enhed. Hvis man ser det i det rette perspektiv og med den rette forståelse – så er det ikke to forskellige ting."

KAPITEL 6

Amma holder op med at manifestere Krishna Bhava

Den 18. oktober 1983 fortalte Amma, at Hun ville holde op med at give Krishna Bhava. Beslutningen udløste stor smerte blandt mange af Krishnas hengivne. Amma havde selvfølgelig Sine begrundelser for at holde op. Amma sagde: "Under Krishna Bhava er Amma i en tilstand, der er fuldkommen frigjort fra tilknytninger. I denne tilstand oplever Amma ingen medfølelse, Hun oplever heller ingen mangel på medfølelse. Alt er bare bevidsthedens leg. Amma er ikke berørt eller påvirket af noget. Men under Devi Bhava er det anderledes. Under Devi Bhava oplever Amma kun kærlighed og medfølelse. Ved disse lejligheder er Amma Moderen, som oplever en dyb omsorg for alle Sine børn."

Amma har flere gange selv afsløret, at Hun både er den ydre og den indre Moder. Den ydre Moder fremtræder som den mest medfølende og kærlige Moder, der nærer dyb omsorg for Sine børn. Men den indre Moder er hinsides disse følelser – som det uendelige rum. Amma siger: "Hvis Amma ønsker det, kan Hun forblive i tilstanden, hvor Hun er Hinsides og fuldstændig uanfægtet og upåvirket, men det vil ikke være så stor en hjælp for de mennesker, der lider, og for samfundet som helhed. Det er årsagen til, at Amma vælger at manifestere det guddommelige aspekt, som er den kærlige og medfølende Moder."

Ammas beslutning om at standse Krishna Bhava spredte sig hurtigt blandt de fastboende og de hengivne. Det var chokerende nyheder for mange af de hengivne. De hengivne var meget knyttede til Ammas manifestationer af Krishna og Devi Bhava, selvom de også oplevede Hendes guddommelighed ved andre lejligheder.

I den første tid var Amma legende og fuld af spilopper under Krishna Bhava. Til de hengivnes store fornøjelse opførte Hun sig akkurat lige som Krishna. For en *Mahatma* er verden en fornøjelig leg. Han er helt uanfægtet og uberørt af verdens forskelligartede og modsætningsfyldte natur.

Hvorfor findes denne leg overhovedet? Når Herren hersker over hele skabelsen, kan man undre sig over årsagen til denne leg (*leela*), som Han lader udspille sig overalt.

En gang sagde Amma: "Den Højeste Herres leg blev kun skabt med det formål at nyde legen. Han er den Højeste Hersker og den allestedsnærværende Virkelighed, men legen kan kun være en leg, når den sker uden autoriteten, med andre ord når autoriteten er glemt. I det øjeblik man udøver sin autoritet, træder man ud af legen, og det ophører med at være en leg."

"En anden måde, man kan fortolke det på, er, at verden kun virker virkelig på grund af vores tilknytning til den. Tilknytningen til verden får den til at synes virkelig, mens fravær af tilknytning får den til at fremstå som en vidunderlig leg. I oplevelsen af fravær af tilknytning er der ingen følelse af autoritet. Når man opgiver sin tilknytning, indser man, at det hele kun er en leg, og man kan være en del af legen."

"Amma vil fortælle en historie, der illustrerer denne pointe:

En lille prins legede med nogle børn på slottets jorde. De legede skjul. Prinsen var i gang med at lede efter sine venner, og han var dybt involveret i legen, som han nød i fulde drag. Han kunne ikke finde nogen og løb ivrigt omkring alle vegne for at finde de andre. En voksen fik fat i prinsen og sagde: "Hvorfor anstrenger du dig sådan for at finde dine venner? De ville komme med det samme, hvis du brugte din kongelige ret til at kommandere og befalede dem at komme." Prinsen så venligt på den voksne som om den stakkels mand var syg og sagde: "Men så ville der ikke være nogen leg, og så ville det ikke længere være sjovt!"" "Under Krishna Bhava er Amma fuldstændig uden tilknytning. I denne tilstand er alt en leg. Der udøves ingen autoritet under Krishna Bhava; mens Amma i Devi Bhava bruger Sin autoritet og Sin almagt til at beskytte Sine børn."

Selvom Amma var forbløffende uanfægtet under Krishna Bhava, oplevede de hengivne ved disse lejligheder, at Hendes legende tilstand skabte en intens tilknytning til Amma i Krishnas form.

Nogle af de mest vidunderlige øjeblikke under Krishna Bhava oplevede man, når Amma gav de hengivne *prasad* ved at lade dem drikke *panchamritam*[3] direkte fra Sin håndflade, som Hun førte helt op til deres læber. Når de hengivne åbnede munden for at modtage *prasad* trak Amma indimellem legende sin hånd tilbage. Hun gjorde det op til flere gange, når bestemte hengivne kom for at møde Hende, især hvis det var nogle af Krishnas hengivne.

Amma i Krishnas form kunne til tider finde på i leg at binde en hengivens hænder sammen, hvis han eller hun havde begået en fejl, som Amma vidste alt om, selvom ingen havde fortalt Hende om det. Der kunne være en hengiven, som havde været oppe at skændes med sin kone, eller som ikke havde adlydt Ammas ord og belæringer. Selvom den hengivne ikke fortalte om det, fangede Amma ham i det, når han kom til *darshan*.

Der var en gang en ung mand, som var holdt op med at ryge, fordi han havde mødt Amma. Men en dag mens han var sammen med sine venner, som var rygere, blev den hengivne fristet; rygetrangen blev så stærk, at han tog et enkelt sug. Men han fik så dårlig samvittighed, at han afholdt sig fra at gøre det igen. Da han igen kom til *darshan* ved den efterfølgende Krishna Bhava, smilede Amma og så på ham med et drillende blik. Hun holdt Sin hånd

---

[3] En sød ret, som ofres under tilbedelse, og som tilberedes med mælk, bananer, klargjort smør, råsukker, sukkerstykker og honning.

som om Hun havde en cigaret mellem fingrene og legede, at Hun løftede den imaginære cigaret op mod Sine læber. Den unge mand skammede sig, og foran Amma afgav han et løfte om, at han aldrig ville ryge igen.

Ved en anden lejlighed dækkede Amma Acchammas, sin farmors, mund med et stykke stof, fordi hun snakkede for meget. En anden gang gav Amma en hengiven et bind for øjnene og lod ham derefter gå tre gange rundt om templet, fordi han havde set for mange film.

Der var en gammel og meget uskyldig mand, som Amma ofte plejede at drille, når Hun antog Krishnas form. Han var en inderligt troende og hengiven af Sri Krishna, og hans tro på Amma var urokkelig. Amma holdt meget af at drille denne mand, der var så åben og uskyldig som et lille barn. Han var i 70erne, og hans syn var blevet så dårligt, at han ikke kunne se noget uden sine briller. Når han kom til *darshan* plejede Amma at tage hans briller af, og når Hun gjorde det, plejede han at grine og grine, indtil hun gav ham dem tilbage. Når han igen havde fået brillerne ordentligt på, gik han frem til Amma for at få Hendes velsignelse. Men så fjernede Amma lige med et igen hans briller. Nogle gange gjorde Hun det flere gange i træk, og den uskyldige gamle mand blev ved med at le. På et vist tidspunkt udbrød han: "Åh Krishna, hvad er dog dette? Hvordan kan jeg få øje på Dig uden mine briller?" Så sagde han: "Ok, Du må godt få dem. Du må godt fjerne de ydre briller og gøre mit blik lige så utydeligt, som Du ønsker, men Du kan aldrig undslippe mit indre øje eller mit hjerte. Derinde fastholder jeg Dig altid. "Når Amma under Krishna Bhava gav den gamle mand *panchamritam*, blev Hun ved med at give ham mere og mere af det. Hun stoppede ikke. Men han sagde aldrig, at han havde fået nok; han blev ved med at gylpe det hele ned. Nogle gange gav Amma ham det så hurtigt, at han ikke havde tid til at synke. Når Amma, som havde antaget Krishnas form, lagde mærke til, at han kæmpede og var ved at blive træt, lo Hun sødt. Men det var nødt til at stoppe på et tidspunkt, og når Amma til sidst holdt op med at made ham, protesterede han uskyldigt: "Hvorfor holdt Du op? Jeg kunne meget godt lide det. Jeg vil have mere! Giv det hele til mig!" Og nogle gange sagde han: "Åh Krishna, jeg elsker Din hånds sødme mere end nogen *panchamritam*. Det er grunden til, at jeg ikke kan sige nej, når Du mader mig. Søde er Dine hænder, Åh Herre."

Der findes en Sanskrit sang, *Adharam Madhuram (Madhurashthakam)* som lovpriser Krishna. Den gamle mand plejede at synge den, når han kom op til Amma for at få *darshan*.

Adharam Madhuram

Dine læber er så søde
Dit ansigt er sødt
Dine øjne er søde
og Dit smil er sødt
Dit hjerte er sødt
og sød er måden Du går

Åh Mathuras Herre
sødmefuldt er hele Dit væsen
Dine ord er søde
og Dine historier søde
og sødt er også tøjet, Du har på
Hver eneste af Dine bevægelser er søde
Åh Vrindavans Herre
sødmefuldt er hele Dit væsen

Din fløjte er så sød
og Dine hænder er søde
og sødt er støvet ved Dine fødder
Dine ben er søde
og måden Du danser på er sød

Dit venskab er sødt
Åh Mathuras Herre
sødmefuldt er hele Dit væsen

Ved slutningen af hver Krishna Bhava, mens Amma dansede i lyksalighed, plejede *brahmacharierne* og de hengivne at synge disse *bhajans: Krishna Krishna Radhe Krishna, Govinda Gopala Venukrishna, Mohana Krishna Manamohana Krishna, Murare Krishna Mukunda Krishna, Radhe Govinda Gopi, og Shyama Sundara.*
Ammas guddommelige Krishna-tilstand var yderst sødmefuld og dybt betagende. Ved slutningen af Krishna Bhava plejede Hun at stille sig ved indgangen til templet, hvor Hun stod i lang tid og så på de hengivne og smilede til dem. Mens hun stod der, sang *brahmacharierne* Krishna-*bhajans* i et meget højt og inderligt tempo. Så kom Amma langsomt ud af templet og ud på verandaen. Hun løftede begge arme højt op og med guddommelige *mudras* (håndstillinger) i begge hænder, begyndte Hun at danse.

Denne lyksalige, ekstatiske dans, som altid blev udført på en blid og meditativ måde, fremkaldte en stor kærlighed og hengivenhed i dem, som var vidne til den. Den bragte de hengivne tilbage til *Vrindavan,* hvor Herren Krishna plejede at lege med *gopier* og *gopaer.* I denne lille fiskerlandsby skabte Amma den samme stemning og de samme vibrationer for at gavne de hengivne.

De hengivne var meget knyttede til Ammas Krishna Bhava, fordi det var den første Guddommelige Tilstand, som Hun nogensinde havde manifesteret. Der var så mange minder fra Krishna Bhava, og de hengivne havde svært ved at give slip. De oplevede en stor smerte, og sorgen afspejlede sig i udtrykket i deres øjne og i deres bevægelser.

Overalt i ashrammen hørte man folk tale om de oplevelser, de havde haft under Krishna Bhava. Den uskyldige gamle mand, som blev nævnt tidligere, havde mange vidunderlige historier, han kunne fortælle. Han huskede tydeligt, hvordan Krishna Bhava begyndte, og han huskede tilbage til de dage, hvor Amma plejede at give Krishna Bhava *darshan* på stranden. Han fortalte også om alle de hårde prøvelser, de gennemgik i den første tid.

De hengivne var så oprevne, at mange af dem brast i gråd på Krishna Bhava *darshan*-dagene. Først brød de sammen på Krishnas skulder under Krishna Bhava[4], og senere i Devis skød. De bad til Amma og plagede Hende om ikke at stoppe Krishna Bhava. Derfor gik Hun til sidst med til at manifestere sig som Krishna en gang om måneden. På grund af Sin uendelige medfølelse med de hengivne, kunne Hun ikke så let afvise deres bønner. Men omsider holdt Amma helt op med at manifestere Krishna Bhava. Men det skete kun da Hendes hengivne havde opnået en større spirituel forståelse, som gjorde det muligt for dem at indse, at Amma altid er den samme, uanset om Hun er i Krishna Bhava eller Devi Bhava. Den større dimension i Hendes uendelige natur blev gradvist afsløret for de hengivne.

En hengiven, som var meget knyttet til Ammas Krishna Bhava fortalte Br. Balu om en af sine erfaringer. "Hver aften stiller jeg et glas varm mælk foran vores billede af Amma i Krishna Bhava. En dag havde min kone og jeg så travlt inden vi skulle afsted til Bhava *darshan,* at vi ikke havde tid til at afkøle mælken foran billedet i familiens alterrum, og vi skyndte os hen til busstoppestedet. Krishna Bhava var begyndt, da vi ankom i ashrammen. Min kone og jeg gik op til Amma, som var i Krishnas guddommelige tilstand. Som et lille drillende barn, så Krishna smilende på os og udbrød: "Se! Mine læber er brændte efter at have drukket varm mælk!" Tro mig, det var muligt at se et virkeligt brandmærke på Ammas læber!" Da den hengivne huskede dette, strømmede tårerne ned af kinderne

---

[4] Amma plejede under Krishna Bhava altid at stå med en fod på en lille *peetham* (hellig stol).

på ham. Hans stemme blev grødet, og han havde svært ved at tale på grund af de ukontrollerbare følelser, der overvældede ham. Det var en situation, der mindede om Krishnas afsked med Vrindavan, som fandt sted i Ammas ashram. Men som Amma siger det: "Nogle gange er dette Krishna, og nogle gange er dette Devi. Men både Krishna og Devi er altid herinde i den skøre pige". Der er en dyb lære gemt i dette udsagn. Hvis Amma, som i virkeligheden både er Krishna og Devi, lever her iblandt os, hvorfor er der så nogen grund til at bekymre sig? Ammas forskellige aspekter eller former er ikke forskellige dele, som er isolerede fra hinanden; det er alle manifestationer af den samme Universelle Virkelighed. Og den ene Højeste Virkelighed, som er Amma, som alle former udspringer af, er her for at beskytte og vejlede os. Derfor er der ingen grund til at bekymre sig.

Fortvivlelsen og den dybe oplevelse af tab, som mange hengivne oplevede, varede ikke længe, fordi deres tilknytning til Amma gik dybere.

Først og fremmest afslørede Amma selv for alle, at Hun er et med alle de forskellige aspekter af det Guddommelige, og at Hun kan manifestere hver eneste af dem ved Sin mindste vilje, og hvornår Hun end ønsker det. For eksempel var der en dag få måneder efter, at Amma var begyndt kun at give Krishna Bhava en gang om måneden, hvor Amma, Nealu, Balu, Venu og Gayatri sad i Nealus hytte. Amma og Nealu talte sammen, da Nealu pludselig sagde: "Amma, Du er alt for mig. Du er Krishna, Devi og alle andre aspekter af det Guddommelige. Jeg ved at Du er Krishna, og også Radha og Devi. Du er selve inkarnationen af Brahman. Men jeg har stadig nogle gange en intens længsel efter at se Dig i Krishna Bhava."

Amma smilte drillende til Nealu og spurgte: "Nealumon (Nealu min søn), ønsker Du virkelig at se Amma i Krishna Bhava?"

"Ja, rigtig meget!" svarede Nealu. Uden at sige mere tog Amma Nealus bomuldstørklæde og bandt det om Sit hoved. Hun vendte sig mod Nealu og sagde: "Se!" Alle, der var til stede var forbløffede over at se Amma sidde der og se ud på præcis samme måde, som Hun plejede at gøre under Krishna Bhava. Man kunne se det i måden Hun holdt hænderne i de hellige *mudras* og i alle Hendes ansigtsudtryk – de strålende øjne og måden Hun smilede på[5] – alt var præcis det samme.

Brahmacharierne og Gayatri bøjede sig spontant for Hende. Men denne afsløring af det guddommelige varede kun et par sekunder, og så genoptog Amma sin samtale med Nealu.

En gang ønskede Br. Pai et bestemt billede af Amma, som han holdt særligt meget af. Han havde nogle få billeder af Amma, inklusive nogle af Hende i Devis og Krishnas form, og han kunne selvfølgelig lide dem alle sammen, men et særligt billede, som endnu ikke var fotograferet, var et billede af Amma siddende i en bestemt stilling. Det var dette billede af Hende, som han mediterede på. Han havde et intenst ønske om at have et foto af Amma, som sad i præcis denne stilling på Sin Devi Bhava *peetham*, men i sit sædvanlige hvide tøj og med Sit hår sat op og uden kronen. Han ønskede også, at Amma skulle vise den klassiske *abhaya mudra*, som er tegn på beskyttelse og velsignelse.[6] Men hvordan kunne han tillade sig at spørge Amma om at sidde i en bestemt stilling, så han kunne tage et billede? Han fortalte ikke andre om denne længsel.

En dag kunne Pai ikke holde det ud længere. Han følte en stor sorg og græd i lang tid. Pludselig kom Amma hen til ham. Hun smilede til ham og sagde: "Søn, Amma kender godt til dit ønske. Vær ikke ked af det, Amma vil opfylde ønsket." Hun bad Pai om at følge med, da Hun gik ind i templet. Amma satte sig på templets Devi Bhava peetham i præcis den stilling, som Pai havde forestillet

---

[5] Under Krishna Bhava plejede Amma at smile med et særligt nedadgående træk på Sine læber, som var meget tiltrækkende.

[6] I denne *mudra* er begge håndflader åbne og vender udad og fingrene holdes sammen. Højre hånd holdes ved skulderen, og venstre hånd peger nedad mod hoften.

sig. Men i det øjeblik Amma satte sig på Sin *peetham,* forandrede Hun tilstand. Hun fremstod præcis som Devi og udviste alle de guddommelige kendetegn, som Hun normalt plejede at vise under Devi Bhava. Br. Srikumar tog billedet, og Pais længe ønskede drøm blev opfyldt. Den vigtigste pointe at huske fra dette eksempel er Ammas kraft til at manifestere Krishna eller Devi, eller hvilken som helst guddommelig tilstand, når som helst Hun ønsker det. Det er ikke noget, som er begrænset til et bestemt tidspunkt eller sted. Hvornår og hvor Hun end ønsker at være i den tilstand, er det rette tidspunkt eller det rette sted for den.

I de tidlige dage plejede de få *brahmacharier,* som var i ashrammen at chante *Sri Lalita Sahasranama,* Devis tusind navne, med Amma siddende på en særlig *peetham* til dette formål. Men nogle gange foretrak Amma at sidde på Sin Devi Bhava *peetham.* Ved mange lejligheder opfyldte Amma *brahmachariernes* ønsker, og Hun havde endda Devi Bhava dragten og kronen på, når de afholdt den særlige chanting af de tusind navne. *Brahmacharierne* sad i halvcirkel foran Amma, mens de afholdt denne tilbedelse, som tog halvanden til to timer at gennemføre. I løbet af denne tid var Amma fordybet i *samadhi.* Hun så ud ligesom ved Devi Bhava. Ved flere lejligheder forblev Amma i *samadhi* længe efter, at recitationen og tilbedelsen var forbi.

Ved utallige lejligheder viste Amma tydeligt sin enhed med det Guddommelige, eller Hun talte åbent om det. Via disse afsløringer og nogle dybe spirituelle oplevelser fik de hengivne og *brahmacharierne* en dybere indsigt i Ammas virkelig væsen. Det hjalp dem til at opnå en større spirituel modenhed og forståelse.

Den sidste normale Krishna Bhava *darshan* var en uforglemmelig nat. Den ene hengivne efter den anden brast i gråd på Krishnas skulder. Der blev kun spillet Krishna *bhajans* den nat, og da *brahmacharierne* ikke længere havde flere Krishna bhajans til rådighed valgte de Devi *bhajans,* der handlede om dyb længsel, og lavede dem om til Krishna *bhajans*. Br. Venu havde tårer i øjnene under hele denne Krishna Bhava. Han var ikke i stand til at synge og rejste sig og gik ind i templet, hvor Amma lod ham sidde tæt ved siden af sig.

En af de sange, de valgte at synge den nat, kan give læseren en ide om den indre smerte, som de hengivne gennemgik. Det var

Povukayayo Kanna

Åh Kanna, tager Du afsted?
Jeg er blevet forladt
af alle i denne verden
Svigter Du mig også?

Åh Kanna,
Må jeg beholde Dig som en blå juvel
i mit hjertes rum
og tilbede Dig der hver dag?

Åh Kanna, lad mig samle Kærlighedens perler
fra dybet af det blå ocean
som er Din form

Og når Du kommer til mig
klædt ud som en lyksalig fugl
vil mit livs sorgfulde fugl
længes efter at blive et med Dig
Åh Kanna

Den sædvanlige manifestation af Ammas Krishna Bhava ophørte den nat. Men som allerede nævnt blev Amma af hensyn til Sine hengivne ved med at fremstå som Krishna en gang om måneden indtil november 1985, hvor den sidste Krishna Bhava fandt sted.

Lad os afslutte kapitlet med at huske nogle af Ammas ord:

"Alt afhængigt af hvad de tror på, kalder de hengivne dette "Krishna", "Devi", "Shiva," "Amma," eller "Guru". Amma er intet af dette, og samtidig er Hun alt. Men Hun er også hinsides. Hele universet eksisterer som en lille bobbel indeni Hende."

Kapitel 7

En af de hengivne, som boede fire kilometer syd for ashrammen, havde inviteret Amma til at besøge hans hjem, og Amma havde lovet ham at komme.

En aften omkring klokken 22 efter aftenens *bhajans* gik Amma og nogle få *brahmacharier* (Balu, Srikumar, Pai, Venu og Rao), Damayantiamma, Harshan, Satheesh og to andre kvinder fra egnen over mod den hengivnes hjem. De gik langs stranden, og det var en smuk aften. Fuldmånen skinnede på himlen, og det arabiske hav glimtede i månelyset. I bølgernes brusen kunne man høre den hellige lyd "Aum" igen og igen. Nu og da dækkede skyerne månen et par sekunder, hvor det pludseligt blev helt mørkt. Men kort efter blev jorden igen oplyst af månens mælkehvide skær.

Den lille gruppe gik langsomt mod syd, mens havet brusede ude til højre. I begyndelsen var der ingen, som sagde noget. Da de havde gået omkring en halv kilomenter, gik Amma pludselig helt ud til strandkanten, hvor bølgerne skyllede ind over stranden. Hun stod der og så ud mod horisonten mod vest, mens bølgerne skyllede ind over Hendes hellige fødder igen og igen, som om de søgte at gøre det så mange gange som muligt, inden Hun igen gik videre.

Så stor og dyb som oceanet

Mens Amma stod der, ytrede Hun nogle få ord. Hun sagde: "Oceanet er stort og vidtstrakt, men det er også dybt. Man kan i nogen grad se og erfare storheden, men dybden er usynlig og uden for det normale syns rækkevidde. For at lære den at kende, er man nødt til at dykke ned i den. Men hvis man skal tage det dybe dyk, er man nødt til at overgive selvet, og det kræver mod og et sind, som er åbent for eventyret."

Herefter var Amma stille, mens de fortsatte med at bevæge sig mod syd. Undervejs stillede en af *brahmacharierne* et spørgsmål. "Amma", sagde han, "hvad mente Du med det Du sagde, da Du stod ved strandkanten?"

Amma svarede ham: "Børn, man kan godt erfare en *Mahatmas* kærlighed, medfølelse, selvopofrelse og andre guddommelige kvaliteter. Man kan erfare de forskellige kendetegn i et stort omfang, når man er i nærheden af en Stor Sjæl. Det kan sammenlignes med at betragte oceanets storhed. Man kan i en vis udstrækning se storheden, men man kan ikke se det hele. Man kan få et glimt af det. Man kan se en uendelig lille del af det, men det er i virkeligheden ingenting. At se oceanet inde fra strandkanten er ingenting. Men selvom man bare ser en lille bid af det, giver det lille glimt muligheden for at begribe, at oceanet er umådeligt stort."

"Oceanet er dybt og stort. Dybden er indeni, og storheden er udenpå. *Mahatmaens* kærlighed og medfølelse, som vi erfarer, kan sammenlignes med oceanets storhed. *Mahatmaens* kærlighed og medfølelse er en ydre manifestation, som giver os en håndgribelig erfaring af det, der findes indeni. Men vi ved ikke, hvordan vi skal være helt åbne som børn, og derfor kan vi kun delvist erfare den uendelige kærlighed og medfølelse, som *Mahatmaen* lader strømme hen imod os. Vi er kun i stand til at erfare en brøkdel af Hans eller Hendes guddommelige kvaliteter. Men det som findes indeni, den umådelige dybde, er ligesom oceanets dybde. Den er usynlig for os. For at erfare den dybde, er man nødt til at trænge ned under overfladen og gå dybere. Man skal se længere end den kærlighed, som bliver vist udadtil."

At bøje sig og forstå dybden

"*Mahatmaens* ydre form er helt sikkert smuk og iøjnefaldende og at associere sig til det ydre er relativt enkelt, hvorimod den indre kontakt ikke er helt så let at opnå. Det kan sammenlignes med forskellen mellem at svømme og at dykke. At svømme på oceanets overflade er en behagelig og glædesfyldt oplevelse. Men at dykke kan være en meget større oplevelse. Det er et eventyr. Når man dykker, kommer man ind i en helt anden verden og får nogle helt andre erfaringer. Man kan godt udforske og opdage de ukendte og mystiske områder i oceanet. Men det kræver en større indsats, end hvis man bare svømmer på overfladen. Man er nødt til at holde vejret og bøje sig for oceanet, inden man dykker ned i det. På den måde overgiver dykkeren sig til oceanet. Når man overgiver sig, afslører oceanet sine skjulte skatte for en. Indtil videre har I kun set den smukke overflade; I har aldrig tænkt på, at der findes langt smukkere områder, som stadig kan udforskes. Når man dykker dybere og dybere, opstår ønsket om at se mere og mere, man ønsker at erfare mere af oceanets dybde. Man vil føle en uslukkelig tørst efter viden. Og så dykker man dybere og dybere, indtil man når helt ned på bunden af oceanet."

"På samme måde er *Mahatmaens* ydre tilkendegivelser af kærlighed og medfølelse usædvanligt smukke. Det er usammenligneligt. Der findes ikke noget tilsvarende på jordens overflade. Men skønheden i det indre Selv er i endnu højere grad fuldstændig hinsides ord. For at erfare den skjulte skønhed, de ubegribelige dybders skønhed, er man nødt til at overskride *Mahatmaens* krop. Man er nødt til at se ud over de overfladiske tilkendegivelser af kærlighed og medfølelse. For at opnå det, der ikke kan udtrykkes, er man nødt til at bevæge sig hinsides alle udtryksformer. For at trænge gennem overfladen og *Mahatmaens* ydre form, er man nødt til at bøje sig og overgive sig til ham med fuldstændig ydmyghed. Det er som at tage et dybt spring ned i oceanet. Når man fuldstændig overgiver sig, vil *Mahatmaen* afsløre sin indre natur for en."

"*Mahatmaens* kærlighed er hinsides alle ord. Den kærlighed, man ser og erfarer i det ydre er selvfølgelig dyb og intens, men den dybde og intensitet er kun en uendeligt lille brøkdel af, hvad Han eller Hun virkelig er. Og det er uendeligt.

Når noget er uendeligt, kan man tale eller skrive om det uden ophør og uden nogensinde at nå frem til en tilfredsstillende forklaring, for det har ingen grænse. Det er mere vidstrakt og rummeligt end universet."

"*Mahatmaen*, som er inkarnationen af kærlighed og medfølelse, er tålmodig som jorden. Men det kan også siges, at *Mahatmaens* vrede har præcis den samme dybde som den kærlighed, medfølelse og tålmodighed, som Han eller Hun udtrykker."

Amma standsede sin tale. Klokken var ved at være elleve om aftenen. Nogle fiskere gik stadig langs strandkanten, andre lå her og der og sov på sandet. I månelyset kunne man se mindre grupper af fiskere, som sad og snakkede med hinanden på stranden. I de øjeblikke, hvor skyerne skyggede for månen, kunne man kun akkurat skimte de glødende endestykker af deres hjemmerullede beedies.[7] Nogle af dem kom nærmere for at se, hvem det var, som gik i den lille gruppe, der var ude så sent. Da de genkendte ansigterne, gik de deres vej igen uden at sige noget.

En af dem, som kom hen for at se, hvem det var, var en hengiven. Da han opdagede, at det var Amma og *brahmacharierne* blev han meget glad og opstemt. "Åh! Er det dig, Ammachi?", udbrød han. "Hvor er du på vej hen på dette sene tidspunkt?" Manden kaldte på sin kone og sine børn. "Kom her! Kom og se, hvem der er her!" I løbet af et øjeblik dukkede hans kone og tre døtre op. De var alle sammen meget glade for at se Amma og de andre, og de inviterede Amma til at komme hjem til deres hytte. Høfligt og kærligt takkede Amma nej til invitationen og sagde: "Børn, Amma er allerede sent ude. Vi gik så langsomt, fordi vi talte om nogle spirituelle emner, og i mellemtiden brugte vi også noget tid på bare at stå på stranden. Amma beklager. Hun vil komme en anden gang." Manden gav sin

---

[7] Billige indiske cigaretter, som rulles med blade. Brugen af dem er udbredt blandt de fattige.

kone en mild irettesættelse, fordi hun havde inviteret Amma på en så mærkelig måde. Han sagde: "Hvad er dog det? Er det måden at invitere Ammachi til at komme hjem til os? Selvom Amma er meget beskeden, burde vi invitere Hende på den traditionelle måde og ikke på samme måde, som vi inviterer en ven eller en nabo."

Kvinden skammede sig og søgte at forsvare sig: "Jeg har ingen uddannelse og kan ikke læse. Jeg kender ikke traditionerne. Det ved Ammachi godt, så Hun vil tilgive det, hvis jeg har begået en fejl. "

Amma vendte sig mod manden og sagde: "Søn, det er i orden. Hvor der er sand kærlighed, er der ingen brug for *achanas* (at følge foreskrevne regler). Hendes invitation var uskyldig. Der er ingen større *achara* end kærlighed."

Amma vendte sig om mod kvinden og omfavnede hende, mens Hun sagde: "Datter, du skal ikke bekymre dig. Tag det roligt. Amma vil besøge dit hjem, når Hun har tid til det. Men Amma kan ikke komme i dag."

Amma huskede også at være kærlig ved døtrene. Hun skulle lige til at gå, da manden spurgte: "Ammachi, må jeg godt komme med dig?"

Amma sagde til ham: "Ja søn, selvfølgelig må du komme med." Han fulgte efter Amma uden at skifte tøj og få en ren dhoti på.

Amma gik videre sammen med den lille gruppe mennesker, mens den brusende lyd af oceanet fulgte dem og steg i styrke, mens vinden kom ind fra vest. Amma så ud mod oceanet, mens Hun gik. Havet havde en glødende mørkeblå farve i månelyset.

Som Pralayagni, opløsningens ild

Mens de gik videre, blev der stillet et andet spørgsmål. "Amma, du sagde at *Mahatmaens* vrede har samme dybde som hans tålmodighed og hans kærlighed og medfølelse. Hvad mener Du med det?"

Amma så fortsat ud på oceanet i et stykke tid, inden Hun svarede.

"Børn, *Pralayagni*, opløsningens ild – sådan er *Mahatmaens* vrede. Den er lige så voldsom som den endelige opløsning. En *Mahatma* er et med uendeligheden, og derfor har selv hans vrede uendelige dimensioner. Man kan ikke forestille sig, hvor intens den er. Den har kraften til at ødelægge hele verden. Det svarer til at kaste utallige atombomber på samme tid. Flammerne kan tilintetgøre hele verden."

"Universets Moder er inkarnationen af kærlighed og medfølelse, og Hun elsker hele skabelsen og tager vare på den. Da Hun blev vred, blev Hun til Kali, og Hendes vrede var lige så heftig som *Pralayagni*, opløsningens ild. Hele universet ville være blevet til aske, hvis ikke de himmelske væsener havde sat sig imellem.

Når den Universelle Moder bliver vred, er det et blændende og frygtindgydende syn – det er som billioner af sole, der står i lys lue på samme tid. Hvordan kan man bære noget, som er sådan? Kun den, som er uden ego og fuldstændig har overgivet sig, kan bære det. Den uendelige kraft i Kalis vrede kan kun bæres af den, som er hinsides kropsbevidsthed. Med andre ord er det kun bevidstheden i sin rene, ubevægelige form, som kan bære det. Den Universelle Moders vrede er en voldsom storm hen over bevidstheden om man så må sige. Den kan kun afbalanceres af en energi, der er fuldkommen ubevægelig; og det er Shiva, som ligger ned, mens Kali danser al Sin vrede ud hen over Ham.

Kalis vrede er *rajas* i den ekstreme tilstand. Det er eksplosionen af kosmisk energi i al dens kraft og pragt. Det er som eksplosionen af hundredetusind atombomber. Men selv den analogi er utilstrækkelig. Eksplosionen af denne energi kan kun afbalanceres af den rene *sattviske* energi, og det er Shiva."

"Husk hvor rasende Sri Rama blev, da oceanet ikke gav efter for hans bønner. For at tilfredsstille oceanet, så Han kunne bygge en bro over det, sad Sri Rama på strandkanten og gjorde meget hårde bodsøvelser uden ophør gennem tre dage. Han ønskede at krydse oceanet, så han kunne komme hen til Lanka, hjemstedet for Ravana, der havde kidnappet Sita, der var Ramas hellige hustru. Han ønskede at redde Sita ved hjælp af hæren af aber, som blev styret af Hanuman og Sugreeva. Men oceanet ville ikke give sig. Det blev ved med at rejse gigantiske bølger, og det blev mere turbulent end det nogensinde havde været tidligere."

"Sri Rama var Selv den Højeste Herre, hele skabelsens Mester. Han behøvede ikke at være ydmyg over for nogen af Sine skabninger, og det var ikke nødvendigt, at Han var så ydmyg over for oceanet. Men han udviste ydmyghed, fordi han ville sætte et eksempel for andre. Men i den episke fortælling *Ramayana* står der, at oceanet blev stolt, da Han gjorde det, og at det gjorde Sri Rama meget vred. Det vil sige, at han kommanderede vreden til at komme. Han satte en pil i sin store bue, og i sin rasende form rejste han sig op og sagde: "Jeg har forsøgt at være ydmyg og tålmodig og at adlyde naturens love. Men tro ikke at det er svaghed fra min side. Med denne ene pil kan jeg udtørre al vandet i dig og ødelægge hver eneste levende skabning i dig. Skal jeg gøre det, eller giver du efter?" Så gav oceanet omsider efter og sænkede sine bølger.

"Sri Rama personificerede den højeste tålmodighed og evne til tilgivelse. Han havde endda tilgivet Kaikeyi, sin stedmoder, som havde været grusom ved Ham. Men da Han nu blev vred, var Hans vrede lige så dyb og omfattende som hans tålmodighed. I *Ramayana* står der, at da Rama stod med bue og pil i Sine hænder og var klar til at angribe oceanet, så han ud som dødens Gud, den endelige opløsnings ild."

Den højeste tinde i den menneskelige eksistens

Amma fortsatte: "Selvrealisering er den højeste tinde i den menneskelige eksistens. Det er koncentrationens endepunkt. Der findes intet andet punkt hinsides dette. Dybden og energien i en sådan koncentration er ubeskriveligt skarp og gennemborende. Den Selvrealiserede sjæl har brugt denne koncentrationskraft til at trænge ind i universets dybeste mysterium, Brahmans mysterium. I selvrealiseringens højeste tilstand er han blevet mester i koncentration og med sin absolutte evne til at bevare fokus, kan han koncentrere sin energi og rette den, hvorhen han ønsker det. En sand Mester vil aldrig bruge sin kraft til et destruktivt formål. Han vil altid bruge den for verdens bedste og for at gavne samfundet. Men husk at han også kan bruge den til at give hele den menneskelige race en belæring. En Selvrealiseret Mester er et med den Kosmiske Energi, og den energi er uendelig. Han kan slippe den fri eller holde den tilbage, eller gøre hvad han ellers ønsker med den. Han kan både vælge at frigøre positiv og negativ energi. Men selv når han frisætter energien på en tilsyneladende negativ måde, tjener det verdens bedste; det bliver gjort for at give nogen en belæring."

"Så uanset om energien bliver frigjort på en positiv eller negativ måde, vil det have den tilsigtede virkning. I begge retninger vil kraften være uendelig og hinsides ord. På samme måde som *Mahatmaens* guddommelige kærlighed og medfølelse er hinsides ord, er hans vrede også hinsides ord. Der findes ingen måde, hvorpå vi kan måle *Mahatmaens* dybde."

Ammas ord minder om en sang, *Ananta Srishti Vahini*, som er skrevet af en af Hendes hengivne, og som handler om Ammas uendelige tilstande.

Ananta Srishti Vahini

Ærbødige hilsner til Dig
Åh Store Guddommelige Gudinde
som understøtter hele skabelsen
som befinder sig i uendelige tilstande
og evigt danser den Højeste Dans.

Ærbødige hilsner til Dig
Åh Evigt Skinnende Ene
Udødelige Lyksaligheds Moder
som uophørligt bryder stilheden
i den døde nat

Jeg lægger mig ærbødigt ved Dine fødder
Åh Bhadrakali, Devis barske form
årsag til alt, der er lykkebringende
som gennemtrænger bevidstheden
som er fuld af medfølelse.

Du er den Ene, som opløser individet
Jeg lægger mig ærbødigt ved Dine fødder
Du hvis form er trekanterne[8]
som har tre øjne, som holder treforken
og bærer en krans af kranier
Åh Bhairavi, Du giver held og lykke
og holder til hvor ligene brændes

Jeg lægger mig ærbødigt ved Dine fødder
Åh Chandika
evigt stigende, barsk og lysende
uendeligt stærk
som svinger Sit sværd
og udsender lyden "Jhana, Jhana".

Jeg lægger mig ærbødigt ved Dine fødder
Åh Gudinde Chandika
som er fyldt af stråleglans
Du er Shankari
og Din Kraft er uendelig

---

[8] Refererer til trekanterne i Sri Chakra *yantraet.*

Du er giver af alle yogaer
og af udødelighed

Amma og den lille gruppe nåede frem til huset kl. 23.15. Hele familien ventede ivrigt på, at Amma skulle komme, og de blev meget lykkelige, da de så Hende. Manden og hans kone modtog Amma med den traditionelle *pada puja* (rituel afvaskning af de hellige fødder) og *arati* (ofring af lys). Herefter lagde dig sig alle ærbødigt ved Ammas fødder. Amma viste Sin kærlighed og omsorg til alle i familien på sin sædvanlige måde, og man fornemmede tydeligt en meget stor glæde hos dem alle sammen. Den yngste dreng var knap fire år gammel, og han dansede lykkeligt rundt og sagde med høj stemme: "Amma er kommet! Åh, Amma er kommet på besøg i vores hus!" Amma kaldte drengen hen til sig og overdyngede ham med kys. Efter at Hun havde kysset ham, så han endnu mere lykkelig ud.

Tilbedelsesceremonien begyndte omkring midnat og blev afsluttet omkring kl. to om morgenen. Efter *pujaen* gik Amma udenfor og sad i gården bag huset og så ud på oceanet. Der var en dyb stilhed overalt bortset fra lyden af oceanet, som chantede sin evige hymne. Amma sad i Sin hvide sari og svajede stille frem og tilbage i månelyset.

Mens Amma sad der, kom hele familien og gruppen fra ashrammen ud og sad lige i nærheden, hvor de kunne se Amma. Ingen ønskede at sidde alt for tæt ved Hende, for alle fornemmede at Amma dvælede i sin egen verden af Alenehed.

Den medfølende Amma

Hjemturen begyndte klokken halv tre om morgenen. Der var ikke meget snak undervejs, men Amma sang nogle få *bhajans*.

Da de nåede frem til huset, hvor den hengivne, som de mødte på stranden, havde sluttet sig til dem, gik han hen for at tage afsked med Amma. Det var en stor overraskelse for ham, da Hun vendte sig om mod hans hus og sagde: "Amma går med dig ind." Manden var målløs i et øjebliks tid, og alle hans bevægelser stivnede, så han lignede en statue. Han råbte næsten af begejstring, da han sagde: "Hvad siger du? Kommer Du og besøger mit hjem?!" Et øjeblik efter kunne man se ham løbe i fuld fart over mod sit hus. Han hamrede på døren og råbte højt på sin kone og sine børn. Han var helt oprevet og vidste ikke, hvad han skulle stille op. Han løb frem og tilbage foran sit hus, mens han gang på gang råbte sin kone og sine børns navne så højt han kunne. Kort tid efter var hele familien lysvågen. De var helt forfærdede. De forstod ikke, hvorfor han lavede sådan en larm midt om natten. Konen stillede en masse spørgsmål på kort tid. "Hvad er der sket med dig! Hvorfor råber du sådan? Gik du ikke af sted sammen med Ammachi?" En nabo var også blevet vækket af al støjen og råbte ude fra sin veranda: "Hvad sker der ovre hos jer, mine venner? Skal jeg komme over til jer?"

På det tidspunkt var Amma nået ind i forhaven. Den hengivnes kone stod med vidt åben mund og stirrede, da hun fik øje på Amma som stod smilende foran hende. Børnene var også overvældede. Et øjeblik efter brast hun i gråd og lagde sig ved Ammas skulder. Manden lå allerede ved Hendes fødder og græd som et barn. Amma bad manden rejse sig og lagde hans hoved på sin anden skulder. Gennem tårer lykkedes det for kvinden at sige: "Drømmer jeg, Ammachi? Åh Gud, hvilken *leela* (leg) er det her?! Du skulle have sagt til mig, at du ville komme på vejen tilbage. Jeg ville have forberedt alt og ventet på Dig. Nu har vi slet ikke noget i huset. Olielampen er ikke en gang tændt. Åh Amma, hvorfor leger du denne *leela* med os?"

Kvinden græd og kunne slet ikke kontrollere sig. Amma forsøgte at trøste hende og sagde: "Datter, Amma er ikke en gæst. Hun er din Moder. Der er slet ikke brug for nogen udførlige forberedelser for at modtage Hende. Din kærlighed til Hende er mere end nok, der er intet at bekymre sig om. Hvad du end giver med egne hænder er som nektar for Amma. Græd ikke!" Men den uskyldige kvinde kunne ikke holde op med at græde. Omsider tog Amma initiativet og gik indenfor i huset med armene om kvinden.

Det var en hytte med to små rum og et lille bitte køkken. Amma gik lige ind i køkkenet og kvinden, hendes mand og de tre døtre fulgte efter Hende, mens alle andre ventede udenfor. Amma gennemsøgte hele køkkenet; Hun så ned i potter og pander, men alt var tomt. Mens Amma kiggede, blev kvinden ved med at sige: "Hvilken skam! Der er slet ikke noget at spise her i huset!" Omsider fandt Amma en tapioka-rod, som lå i et hjørne. "Åh, den vil være mere end nok!" sagde Hun og tog den op. Amma bed i roden, mens Hun gik ud af køkkenet.

Tilfældigvis havde Harshan taget en lille taske med nogle friturestegte grøntsager med sig fra det andet hus, de besøgte. Amma tog noget af maden frem og begyndte at made familien med Egne hænder. Deres glæde og taknemmelighed kendte ingen grænser. Med tårer i øjnene begyndte kvinden at synge nogle få linjer af en *bhajan Ammayalle Entammayalle*, og snart sang hele familien med.

Ammayalle Entammayalle

Er Du ikke min Moder
Åh, er Du ikke min kære Moder
som tørrer alle mine tårer bort?

Åh Moder af de fjorten verdener
verdens skaber
Jeg har kaldt på Dig uden ophør!
Åh Shakti, kommer Du ikke?

Åh Du, som elsker at give os
alt hvad vi ønsker
som i Dit Selv rummer

skabelse, vedligeholdelse og ødelæggelse
Jeg har kaldt på dig uden ophør!

Åh Fader og Moder
De fem forskellige elementer
og hele Jorden
Jeg har kaldt på Dig uden ophør!

Vedaerne og skrifterne
sand Viden og Vedanta
Begyndelsen, midten og slutningen
alt eksisterer i Dig
Jeg har kaldt på Dig uden ophør!

Da Hun havde tilbragt et par minutter til sammen med familien, vendte Amma tilbage til ashrammen.

KAPITEL 8

Lær at overvinde kedsomhed

Der var en hengiven, som var kendt for at stille mange spørgsmål, der besøgte ashrammen. Han spurgte Amma: "Amma, de fleste mennesker plejer at kede sig, når de udfører det samme arbejde og gør de samme ting dag ud og dag ind. Af den grund ønsker folk forandringer i livet; de ønsker at prøve et nyt job, at købe forskellige nye ting osv. Men Amma, Du gør det samme hver evig eneste dag, Du modtager mennesker og giver dem *darshan*. Synes Du aldrig det er kedeligt at følge den samme rutine, om og om igen?"

Amma: "Søn, det er kun mennesker, som keder sig. Gud keder sig aldrig. En *Mahatma* er Selve Gud i en menneskelig form. Mahatmaen er uden ophør forankret i den Absolutte Brahman. Han oplever hele tiden noget vidunderligt og friskt i alt, hvad han ser og gør. Han er den Iboende Bevidsthed, som skinner i og gennem alt. Derfor kan han ikke kede sig."

"Kedsomhed og oplevelsen af at noget bliver tørt kan kun opstå, når man oplever dualiteten. Det er indstillingen, som er kendetegnet ved "jeg" og "du", når man tror, at man er en adskilt enhed. Men hvis man selv er alt, hvordan kan man da kede sig? Enhed med hele universet udrydder den slags følelser. Når man er tilfreds med at hvile i sit eget Selv, vil kedsomhed automatisk forsvinde."

"En *Mahatma* er som en sø fyldt med rent krystalklart vand og en solid klippegrund, hvorfra en uophørlig kilde springer frem. Underlaget er fast og urokkeligt og samtidig kommer der hele tiden rent og klart vand. Kilden er uophørlig, den vil aldrig tørre ud. Den er hele tiden fyldt og tillader alle at drikke af den."

"En *Mahatma* ved, at han er den uforanderlige og ubrydelige Atman eller Brahman, hele universets underliggende lag, og denne viden gør ham fast og urokkelig indeni. Han er også en uendelig kilde til kærlighed og medfølelse."

"Når ens eksistens er rodfæstet i sand kærlighed, hvordan kan man så nogensinde kede sig? Kedsomhed opstår kun, når man ikke elsker. Der er ingen oplevelse af adskilthed i sand kærlighed. Kærligheden flyder bare. Hvem som helst, der er villig til at tage springet og dykke ned i kilden, vil blive accepteret som de er. Der er ingen betingelser eller vilkår. Hvis du er villig til at dykke, vil du blive accepteret. Hvis du ikke er villig til det, hvad skal den da stille op? Kilden bliver altid ved med at strømme på samme måde. Den siger aldrig nej. Den siger hele tiden ja, ja, ja...."

Sig "Ja" til livet

"At acceptere er at sige ja til alt. Alt kan gå galt i dit liv, men alligevel så siger du: "Ja, jeg accepterer det." Floden siger ja til alle. Hele naturen siger ja, bortset fra menneskelige væsener. Et menneske kan både sig ja og nej. Nogle gange siger han ja, men for det meste siger mennesket nej. Han ser ikke livet som en gave; han ser det som en rettighed, og han anser også glæde for at være en rettighed. Når du ser livet, og alt hvad livet giver dig som en dyrebar gave, vil du være i stand til at sige ja til alt. Hvis man på den anden side insisterer på at se livet som en rettighed, kan man ikke sige ja – man kan kun sige nej. Det er på den måde, at alt i ens liv går galt. Hvis man hele tiden siger nej til livet og de erfaringer, livet giver en, vil man blive ulykkelig, og man vil kede sig. Men hvis man altid kan lære at sige ja, hvis man kan se livet og hver eneste erfaring som en gave og ikke som en rettighed, vil man aldrig blive overvældet af kedsomhed."

"Når man er fyldt af kærlighed og medfølelse, kan man ikke sig nej til noget, man kan kun sige ja. Amma kan kun sige ja. Hun siger aldrig nej, og af den grund keder Hun sig aldrig. "Ja" er accept. Når der kun findes accept, er der ingen kedsomhed."

"Ordet "nej" findes kun i dualiteten. Når man siger nej til livet, føler man sig ulykkelig og utilfreds. Man vil protestere over alt, og man formår ikke at være glad i sit eget selskab. Man vil altid føle sig betydningsløs og utilfredsstillet. Hvad er grunden til det? Det er, fordi man altid har ønsker. Man ønsker penge, berømmelse, et nyt hus, en ny bil, og listen fortsætter og fortsætter. Så bliver man ulykkelig, og livet begynder at virke tørt og kedeligt. Man bliver sådan en som konstant beklager sig og aldrig er tilfreds med noget. Hvorfor? Det er, fordi man konstant insisterer på at sige nej. På grund af ens manglende evne til at acceptere ting, kan man ikke sige ja til alt det, livet tilbyder."

"Folk søger ofte efter en række forskellige ting. Det er grunden til, at de stadig føler sig ulykkelige og utilstrækkelige, trods deres uddannelse og intellektuelle viden. Selv de rigeste mennesker er ulykkelige. De keder sig hurtigt, og de hjemsøges af utallige ønsker, fordi de ikke er tilfredse, og fordi de stadig søger fuldendelse."

"Livet er en dyrebar gave. Men vi bruger ikke vores skelneevne til at vælge det rigtige. Vi vælger de forkerte ting og ender med at føle os ulykkelige. Så problemet findes indeni. Det er vores forkerte holdning, som giver utilfredshed og kedsomhed. Vi tillægger sekundære ting en alt for stor og vigtig betydning, mens vi ignorerer de mest vigtige og primære ting."

Så fortalte Amma en historie, der illustrerede denne pointe.

"En mand led af to forskellige sygdomme. Han havde problemer med øjnene, og han havde også fordøjelsesproblemer. Han gik til lægen, som gav ham nogle øjendråber og noget medicin til maven. Han skulle tage få dråber af øjenmedicinen i øjnene og adskillige skefulde af medicinen for fordøjelsesproblemerne ind gennem munden. Men i sin iver fik patienten byttet om på lægens instruktioner. Han gik hjem og drak en dosis af øjendråberne og hældte medicinen for fordøjelsesproblemerne i øjnene, og resultatet var, at begge problemer blev forværret."

"Vi ser den samme form for forvirring i vores eget liv. Hvis vi virkelig skal være lykkelige og tilfredse med vores liv, er vi nødt til at tillægge realiseringen af sjælen en langt større betydning og tillægge kroppen en mindre betydning. Men vi gør det modsatte. Vi forveksler de to indpakninger og tager den forkerte medicin for det forkerte problem. Al den energi, omsorg og opmærksomhed, som vi bør give til sjælen, bliver i stedet givet til kroppen, og vi koncentrerer os om at få kroppen til at være så smuk og have det så komfortabelt som muligt. Men sjælen får knap en dråbe af vores opmærksomhed og bliver overladt til sin egen skæbne. I denne forvirrede tilstand mister vi vores perspektiv på livet, og resultatet er negative tanker og følelser af kedsomhed og utilfredshed."

"Når man bliver grundfæstet i Selvet, er man uophørligt i en givende tilstand. Man kan ikke kede sig, når der er noget, man ønsker at give, og når man ikke ønsker noget fra nogen. Amma ønsker kun at give. Hun har ikke brug for noget fra nogen, og Hun forventer ikke noget. Amma accepterer blot alt det, som sker i Hendes liv. Af den grund keder Amma sig aldrig."

"Kun når enhver følelse af at være adskilt forsvinder, kan man blive et menneske, som giver uden ophør. Enhver oplevelse af dualitet skal forsvinde. Kun på den måde kan man blive en sand giver, som ikke har brug for at tage eller modtage noget. Kedsomhed opstår kun, når man er selvisk og selvcentreret. Når man er centreret i Atman, når ens center skifter fra selvet til Selvet, og man ikke har noget andet center, er man fuldstændig frigjort fra al kedsomhed."

"Radhas kærlighed til Sri Krishna døede aldrig ud, og det gjorde Miras kærlighed til hendes elskede Giridhar heller ikke. Ingen af dem forventede noget til gengæld for deres kærlighed. De var begge store givere, og de kedede sig aldrig – de var bare lykkelige og tilfredse. Uanset om de fik gode eller dårlige oplevelser, formåede de altid helhjertet at værdsætte og acceptere det, de kom ud for. Det er årsagen til, at de stadig lever i menneskers hjerter. De blev udødelige, fordi de opgav alting. Først når man opgiver sit ego og sit sind, vil man begynde at leve et virkeligt liv. Radha og Mira oplevede at deres ego døede. Mira sagde: "Åh, min Giridhar, det er i orden, hvis du ikke elsker mig. Men min Herre, fjern aldrig min sande kærlighed til Dig." Det var hendes holdning. Radha og Mira var fuldstændigt uselviske. Deres kærlighed var ren og uden spor af ego og selviske tanker."

"Når man lever som et ego og adlyder egoet og handler ud fra dets ønsker og behag, er man ikke sig selv – man er sindet. Det er en form for sindssyge. Det er som om man er død, fordi man kun lever som en krop og et sind uden at være klar over sin sande eksistens som Selvet. Hvis man tror, at man er kroppen, fører man et illusorisk liv. Er det ikke vanvid at anse det uvirkelige for at være virkeligt og at påtvinge virkeligheden noget, der ikke tilhører den? Så længe man lever i sit sind, vil man blive ved med at kede sig."

"Det er tungt at bære sindets byrde, sindet støjer uden ophør, og den enorme byrde er stor nok til, at man kan blive overvældet. Det mest sørgelige ved denne tilstand er, at den som bærer byrden ikke er opmærksom på den forfærdeligt tunge vægt."

"Man tror, at ens kedsomhed er forårsaget af ydre situationer og andre mennesker, man skynder sig fra det ene sted til det næste, man prøver så mange ting som muligt, indtil man til sidst oplever et kollaps og falder sammen. Ønsker du ikke at slippe for sindets byrde og opleve frihed og fred? "Jo, det ønsker jeg", vil de fleste mennesker svare. Men de ønsker alligevel ikke at give slip på alt det, de holder fast i. De tror, at hvis de slipper det, så vil de blive sårbare og usikre."

"Selv et lille barn har disse følelser. Hvis et barn ikke er sammen med sin mor eller far, vil det føle sig meget usikkert. Børn går altid omkring og holder fast i moderens kjole eller faderens skjorte. Det giver dem en følelse af, at de kan være trygge og rolige, fordi de er beskyttede. Men følelsen varer ikke længe, fordi kilden til tryghed kan forandre sig. Når barnet bliver ældre, vil følelsen af tryghed forandre sig. Samtidig vil følelsen af utryghed også vokse, og barnet opdager, at forældrene ikke kan give virkelig tryghed. Barnet vil endda begynde at føle at forældrene er en forhindring for hans oplevelse af frihed. Han vil snart opleve, at der er noget andet eller nogen anden, som kan give ham mere tilfredshed end hans forældre eller hans hjem eller den by, hvor han bor. Utilfredshed og kedsomhed går hånd i hånd. Man keder sig, når man er sammen med sine forældre, og derfor ønsker man at komme på afstand af dem. Man keder sig, når man er hjemme, hvor man bor, og derfor ønsker man at bo et andet sted. Man keder sig over sin gamle bil, og så ønsker man sig en ny bil. Man begynder at kede sig sammen med sin gamle kæreste, og derfor ønsker man at få sig en ny kæreste. I denne søgen efter tryghed og tilfredshed, vil man hele tiden stå ansigt til ansigt med usikkerheden. Man finder aldrig tilfredshed og tryghed. Man bliver i stedet ved med at møde sin egen usikkerhed og utilfredshed."

"Det er ens sind, der er usikkert og aldrig kan give tryghed. Det er ens sind, som skaber kedsomhed og frygt, og det er årsagen til alle ens problemer. Slip af med sindet i stedet for at forsøge at erstatte et objekt med et andet. Giver man slip på sindet, vil man blive et nyt menneske, og man vil få et nyt og friskt syn på livet. Så længe man bliver ved med at bære rundt på sindet, vil man blive ved med at være det samme menneske, som man hele tiden har været. Man vil blive ved med at opleve den samme slags frygt, usikkerhed, kedsomhed og utilfredshed."

"Livets virkelige sikkerhed kan kun findes i Selvet (Atman), eller Gud. Og den eneste vej til at slippe for kedsomheden er at overgive sit Selv til Gud eller en fuldkommen Mester. Vær vidne til alt, der sker i livet. Man er den evige *Purusha*. Man er *Purnam* (Fuldkommenhed). Man er Helheden og ikke et begrænset individ. Fjern alle følelser af sorg, kedsomhed og utilfredshed. Vær lykkelig og tilfreds."

Da samtalen var forbi, var der ikke længere nogen, som havde trang til at sige mere. Ammas forklaring var så smuk, og den havde givet så dybe indsigter, at alle som tidligere havde ønsket at stille et spørgsmål, havde glemt dem nu. Alle gjorde spontant det samme som Hende. De lukkede øjnene og i en fordybet tilstand oplevede de den spirituelle atmosfære, som var tydelig at mærke. Da alle lidt senere var på vej ud af den meditative tilstand, bad Amma *brahmacharierne* om at synge sangen

Sukhamenni Tirayunna

Du som søger glæde alle vegne
hvordan vil du finde den
uden at slippe din forfængelighed?

Hvordan kan du blive lykkelig
førend den medfølende Ene, Universets Moder,
lyser i dit hjerte?

Sindet hvor tilbedelse af Shakti,
den Højeste Kraft, ikke er levende
er som en blomst uden duft.

Et sådant sind er tvunget
til at tumle fortvivlet omkring
som et blad kastes omkring af bølgerne
i et rastløst hav

Bliv ikke fanget i kløerne
på gribben kendt som skæbnen
Træk dig tilbage og tilbed Selvet
Hold op med at forvente frugten
af dine handlinger
Tilbed Det Universelle Selvs form
i dit hjertes blomst

KAPITEL 9

Den uforståelige Amma

Selv de mennesker som har stået Amma meget nær, har altid oplevet, at Hun er uforståelig. Efter at have levet meget nær Amma igennem mange år, er det forfatterens personlige oplevelse, at der er noget ubegribeligt ved Hende. Amma er langt hinsides alt, hvad han kan fatte.

Den første gruppe *brahmacharier*, som kom og boede sammen med Amma, har hele tiden spurgt sig selv: "Hvordan er det muligt at forstå Amma? Hvordan kan vi forstå Hendes ønsker, så vi bedst kan tjene Hende?" Nogle gange er de stødt ind i problemer, fordi det har været svært for dem at forstå Amma.

Ved utallige lejligheder har de erfaret Ammas uforståelige væsen. Det plejer at være enkelt at forstå et menneskes væsen, når man i et stykke tid har levet meget tæt på vedkommende, f.eks. i et par uger eller et par måneder. Men efter næsten to årtier forbliver Amma en fuldkommen ukendt personlighed for de første *brahmacharier* og for alle, der har været i nærheden af Hende. *Brahmacharinien* Gayatri, der nu er kendt som Swamini Amritaprana, og som har tjent Amma i to årtier sagde en gang om Amma: "Hvad er dette fænomen? Selv uendeligheden kan forstås, men ikke Amma!"

En gang befandt *brahmacharien* Balu sig i Ammas værelse, og Gayatri var også til stede. Amma var meget omsorgsfuld og kærlig ved Balu. Hun talte længe med ham, Hun besvarede alle hans spørgsmål og fjernede al hans tvivl. Hun madede ham endda med egne hænder. Han følte sig fyldt af Ammas kærlighed, han oplevede, at han var fyldt af glæde og lyksalighed. Men lige pludselig vendte Amma sig om og bad ham om at gå ud af værelset og forsvinde med det samme. Der var intet spor af kærlighed at syne i Hendes ansigt. Hun var fuldkommen uden tilknytning. Balu var chokeret over at opleve så pludselig en forandring i Amma, og han følte sig meget forvirret. Først troede han, at Amma forsøgte at lave sjov med ham, men han fandt hurtigt ud af, at det var alvor. Han ønskede at spørge hvorfor, fordi han ikke kunne forstå det, der skete. Han ville gerne spørge Hende, men kunne ikke gøre det, fordi Ammas ord og bistre ansigtsudtryk havde sådan en dybde og kraft, at han ikke turde. Denne pludselige forandring i Ammas tilstand føltes som at smide en stor klippesten i det stille, blanke vand på en rolig sø; det var som om et stort smukt slot smuldrede og gik i stykker lige i det øjeblik, hvor dets skønhed blev beundret og værdsat.

Balu blev helt stille og stivnede billedligt talt som en statue i rummet. Han kunne næsten ikke røre sig, da han hørte Ammas stemme gentage: "Gå ud med dig! Jeg vil være alene! Hvorfor tager det dig så lang tid at komme ud?" Med et tungt og knust hjerte gik Balu langsomt ud af værelset, og så snart han var gået ud, smækkede Amma døren i med et brag. Lyden af døren var et næsten ubærligt hårdt slag, som blev rettet mod Balus hjerte.

Selvom Balu var gået ud af Ammas værelse, kunne han ikke få sig selv til at fjerne sig fra døren. Hans tilknytning til Amma var så intens, at han satte sig foran den lukkede dør ind til Hendes værelse og græd som et forladt barn.

Balu tænkte: "Det må være en virkelig prøve, som min tro og tålmodighed sættes på. Selvfølgelig bliver man lidt opblæst, når Amma tillader en at være tæt på Hende i et stykke tid. Så tænker egoet "Jeg må være noget meget specielt, hvorfor ville Amma ellers lade mig være i nærheden af Hende i så lang tid?" På det tidspunkt rammer Ammas tordenkile. Problemet er, at sindet aldrig tænker "Hvor er jeg heldig og velsignet, at jeg kan være så længe i Ammas nærvær." Sindet og egoet kan kun tænke negativt og finde forklaringer, som handler om selviskhed og stolthed. Når Ammas uventede angreb kommer, bliver ens stolthed rystet. Hvis der ikke er nogen stolthed, hvis der kun er gode og positive følelser af, hvor velsignet jeg er, og hvor nådig Amma er, så kan man aldrig føle sig ked af det eller oprørt. Smerte og sorg opstår, når der sættes spørgsmålstegn ved egoets rolle. Hvis jeg ikke føler stolthed og tænker, at jeg er speciel, fordi jeg er så meget sammen med Amma, og hvis jeg ikke tænker, at jeg har ret til at være i Hendes nærvær, hvordan kan der så være sorg? Hvordan kan jeg være ked af det eller oprørt, hvis der kun er ydmyghed?"

Få minutter senere hørte han nogen åbne døren. Han løftede hovedet og var overrasket over at se Amma stå der med et stort smil lysende i ansigtet. Nu var Hun i samme humør, som før Hun bad ham om at gå ud. Som om intet var sket, sagde Hun nu til ham: "Kom ind, søn. Men hvad er der sket med dig? Hvorfor græder du?" Balu kunne knap tro det. Det tog et par øjeblikke for ham at forstå hvad det var, der skete. Mens han stod der og undrede sig over, hvor mærkeligt det hele var, hørte Balu igen Ammas stemme: "Søn, kom ind. Hvad skete der? Hvorfor græder du?" De ord var som en et forfriskende regnskyld for chatakafuglen i Balus hjerte.[9] Al smerten i hans hjerte smeltede og forsvandt som is under solens strålende varme. Han var så overvældet af Ammas medfølelse, at han igen brast i gråd. Men han kunne ikke lade være med indeni at undre sig over Ammas tilsyneladende modsætningsfyldte væsen. Først var Hun så kærlig og omsorgsfuld, og i det næste øjeblik var Hun uden nogen tilsyneladende grund helt ufølsom og uanfægtet. Hvad var der sket? Han kunne slet ikke forstå det. Et par minutter efter spurgte han: "Amma, jeg er ikke i stand til at forstå Dig og handle derefter. Det er min største sorg. Hvordan kan jeg forstå Dig?"

---

[9] Det siges, at chatakafuglen (næsehornsfuglen) kun drikker regndråber, som kommer, mens det regner. Den finder ikke smag i noget andet vand. Hvis der ikke er noget regn, er chatakafuglen tørstig og ulykkelig.

Amma smilede og svarede: "For at forstå Mig, er du nødt til at blive Mig."

Det var det samme, som hvis Balu havde spurgt, hvordan han skulle forstå uendeligheden. "Hvis man ikke bliver uendelighed, kan man ikke forstå uendelighed," var svaret. Dette er blot en lille begivenhed. Der har været utallige begivenheder, som ligner denne.

Ammas sygdom

En morgen opdagede man, at Amma var meget syg. Hun var så svækket, at Hun end ikke var i stand til at rejse sig fra sengen. Det skete en søndag, og hundredevis af mennesker ventede på morgenens *darshan*. Hun klagede over åndedrætsbesvær og forfærdelige smerter i hele kroppen. (Det sker fra tid til anden, når Amma påtager sig Sine hengivnes sygdomme). Hendes lidelse var så stor, at Hun rullede frem og tilbage på sengen. Men sengen var ikke bred nok, så Amma besluttede sig for at lægge sig på gulvet. Gayatri og *brahmacharierne* var bekymrede for, at det kolde gulv kun ville forværre Hendes smerter, så de spredte et tykt tæppe hen over det. Men Amma ville ikke have det, så Gayatri flyttede det og hjalp Amma ned på gulvet, hvor Hun begyndte at rulle frem og tilbage og stønne af smerte. Hendes lidelse var tydelig. *Brahmacharierne* besluttede, at morgenens *darshan* og den efterfølgende Devi Bhava skulle aflyses. De fortalte det til Amma, men Amma sagde ikke noget til det. De antog, at Hendes stilhed var et tegn på, at Hun accepterede det og placerede et skilt foran ashrammen, hvor der stod, at både morgenens *darshan* og Devi Bhava var aflyst. En af *brahmacharierne* gik ned af trappen og fortalte det til de hengivne, som ventede på Amma i *darshan*-hytten. De var alle sammen meget skuffede.

Det var kort efter klokken halv ti. Amma lå stadig på gulvet. Hendes fysiske tilstand var ikke det mindste bedre. Alle var bekymrede. Gayatri og Damayantiamma masserede Ammas ben, mens en *brahmacharini* holdt en varmtvandsdunk ind mod Hendes bryst. Alles blikke var rettet mod Amma. Pludselig rejste Hun sig og sprang op fra gulvet, mens Hun spurgte: "Hvad er klokken?" Alle var bestyrtede og spurgte: "Hvorfor Amma? Hvorfor vil du vide, hvad klokken er?" Det lød som et kor.

"Hvorfor spørger I?", svarede Amma, som om intet var sket, og der aldrig nogensinde havde været noget i vejen. "Ved I ikke, at det er søndag i dag? De hengivne har ventet på *darshan* nedenfor. Hvad er klokken?" spurgte Hun igen. Hun vendte sig om for at se, hvad klokken var og udbrød: "Åh Shivane, klokken er næsten 9.45!" Nu havde Hun næsten rejst sig op. *Brahmacharien* Nealu protesterede og sagde: "Men Amma, vi har allerede givet dem besked om, at der ikke er *darshan* i dag, og de hengivne ved det godt. Det er langsomt ved at gøre sig klar til at gå. Amma, Du er meget syg. Du bliver nødt til at hvile i det mindste en enkelt dags tid." Amma så strengt på Nealu og sagde: "Hvad sagde du? Gav du dem den besked? Og hvem fortalte, at Amma var syg? Amma er ikke syg. Hun har aldrig gjort sådan noget før! Amma er over-rasket over at erfare, at du som har været hos Hende i så lang tid, er så fuldstændig blottet for medfølelse. Hvordan kunne du få den tanke at sende alle de hengivne væk?" Hun bad med det samme *brahmacharien* Pai om at gå ned og fortælle alle, at Amma ville give *darshan* som sædvanligt. De hengivne var meget glade og skyndte sig alle sammen tilbage til hytten.

Nu så Amma helt normal ud. Der var intet tegn på smerte eller sygdom. Hun sagde til *brahmacharierne:* "I forstår ikke de hengiv-nes følelser. Nogle af dem har ventet ivrigt gennem lang tid på at se Amma. Mange af dem har været nødt til at låne penge for at komme og se Amma. Der er mange, som skraber 10 paise sammen om dagen fra deres meget lille indtjening og derved sparer sammen til busbilletten for at besøge ashrammen en gang om måneden. Det er let for jer at sende dem væk og sige, at der ikke er nogen *darshan* i dag. Men tænk på den indre smerte, som de alle vil gennemgå, hvis de ikke kan se Amma. Tænk på alle de vanskeligheder, som de har gennemgået for at komme herhen. Tænk på deres skuffelse. De fleste hengivne træffer ingen vigtige beslutninger i deres liv uden først at rådføre sig med Amma. Nogle af dem, som er her nu, kan have brug for at få et svar i dag. Visse ting kan ikke udsættes. Hvor let var det for dig pludselig at beslutte, at der ikke skulle være *darshan* i dag? Børn, prøv at forstå andres problemer og forsøg at føle deres smerte."

Br. Nealu var bekymret og sagde: "Hvad vil folk tænke om os? De vil tro, at vi *brahmacharier* aflyste *darshan* på eget initiativ."

Amma så igen strengt på Neulu og sagde: "Nealu, går du stadig op i, hvad andre tænker om dig? Meget fint! Så du er bange for andre og deres negative følelser. Hvad der end skete, var det efter Ammas ønske – kan Du ikke tage det på den måde? Er det sådan en discipel skal føle for sin Mester? Tanken om hvad andre kan tænke om dig kommer fra egoet. Egoet vil gerne have et godt image. Du ønsker ikke, at nogen skal kritisere dig, eller at nogen ikke skal bryde sig om dig. Du er meget mere bekymret om den følelse end om Ammas helbred. En person, som har overgivet sig, ville aldrig tænke sådan. Når man har overgivet sig, tænker man ikke på sig selv, og på hvad andre tænker om en. Man skal lære at overgive sit ego. "

Da Amma holdt op med at tale, bad Gayatri alle om at gå ud af værelset, så Amma kunne blive klar til *darshan*.

En udenforstående må ordne sindet

Tyve minutter senere kom Amma ned til *darshan*-hytten og begyndte at modtage de hengivne. Hun så entusiastisk og glædestrålende ud, og Hun virkede også helt sund og rask.

En gang spurgte *brahmacharierne* Amma, hvordan de skulle forstå det perplekse ved Hendes tilstande, og hvorfor Hun nogle gange handlede på forskellige måder, som tilsyneladende var så mærkelige. Amma svarede: "Det er kun set ud fra jeres mærkelige og støjende sind, at Amma handler mærkeligt. I oplever, at det er mærkeligt, fordi I har visse forudfattede holdninger og vaner, som er indarbejdet i jeres eget liv gennem jeres opvækst. I synes, at bestemte typer adfærd er mærkelige, og at andre er normale. Hvad der er mærkeligt og normalt, er identisk med jeres forestillinger og personlige antagelser. I ønsker at Amma skal tale og opføre sig på en måde, der passer til, hvordan jeres sind er blevet trænet."

"I kan have bestemte ideer om livet, som I antager er rigtige, og de vil altid være forskellige fra alle andres. Alle har deres egne ideer, tanker og følelser, og hver af os antager at have ret, og at alle andre tager fejl. Alle fungerer på den måde. Hvert sind har skabt sine egne koncepter, og hvert sind forventer, at Amma skal passe ind i den ramme."

"Amma anstrenger sig meget for at give omsorg til alle de hengivne, som kommer til Hende, fordi de er tyngede af sorger, lidelse og frygt. I må have lagt mærke til, hvor meget Amma gør for at få dem til at føle sig godt tilpas, så de åbner sig i Hendes nærvær. Jo mere de åbner sig, des mere kan Amma arbejde på dem. Amma ville med glæde ofre hele Sit liv for at gøre andre glade. Men Amma finder det ikke rigtigt, at Hun behandler jer som ønsker at vie hele jeres liv til at erkende Gud på samme måde. Jeres sind skal igennem en proces, hvor det kærnes igen og igen, så det kan blive klarere end det klareste – så gennemsigtigt, at I vil være i stand til at erkende jeres virkelige eksistens, Atman. Med andre ord er I nødt til at slippe for sindet. Men det er ikke let. Sindet kan ikke bare fjernes. Det opløses af varmen, som skabes ved *tapas*. Denne varme skabes ved Mesterens disciplin og ved den kærlighed og tilknytning, I føler over for ham."

"Jeres sind og intellekt kan ikke begribe Mesteren, og det er grunden til, at I kalder ham mærkelig og modsætningsfuld. Men I skal forstå, at det blot er jeres sind, som dømmer ham på den måde."

"I varmen, som skabes af *tapas,* vil sindet og alle dets antagelser og bekymringer smelte væk, og I vil begynde at fungere ud fra hjertet. For at det kan ske, er disciplen nødt til at udvise en vældig stor tålmodighed."

"En sand Mester ofrer hele sit liv for at opløfte sine disciple, hengivne og hele samfundet. Men en vis forpligtelse fra den anden side er også nødvendig. Vær tålmodige, og I vil modtage alt fra den sande Mester."

"Forsøg ikke at dømme Mesteren med jeres intellekt. Jeres forståelse af ham vil helt sikkert være fuldstændig forkert. Fordi I tager udgangspunkt i sindet, og fordi jeres vaner og tilbøjeligheder er dybt indgroede, vil I insistere på at løse mysteriet omkring Mesterens "mærkelige tilstande" med logik og fornuft. Men I vil ikke kunne forstå det, indtil det omsider vil blive afsløret for jer, at Mesteren ikke kan forstås gennem sindet eller intellektet. I vil indse, at kun tro er vejen. Det er kun gennem overgivelse og en åbenhed, der er som barnets åbenhed, at I vil komme til at kende ham."

"Sindet vil blive udmattet af at forsøge at forstå Mesteren med intellektet. I vil indse, at I er hjælpeløse, når I forsøger at forstå Mesterens uendelige natur med intellektet, og så vil I omsider åbne jer. Pludselig bliver I modtagelige. Denne proces indebærer *tapas,* og det er jeres kærlighed og tilknytning til Mesterens ydre form, som skaber varmen."

"I kan måske kalde Mesteren for mærkelig, men det er kun ifølge jeres sind, at han er mærkelig. Sindet skaber en form for mærkelighed, fordi I identificerer jer med det. Jo mere i overgiver jer til Mesterens disciplinering af jer med en intens følelse af kærlighed i hjertet, des mere vil I indse, at det er jeres eget sind, som er mærkeligt, og ikke Mesteren."

"Sindet er en outsider. Han er en fremmed i jeres sande tilhørssted – Selvet. Sindet, som er et fremmedelement, skaber en irritation, som klør og kradser. Denne kløe er sindets ønsker. Det er som følelsen, man kender fra de gange, man kradser i et sår, der gør ondt. Mens man kradser i såret, lindres smerten, og så gør man det igen og igen, indtil såret og det omgivende område er blevet helt rødt og inficeret. Og så øges smerten."

"Sindet skaber en sådan smerte, når det er fyldt af ønsker og følelser. Så bliver man ved med at kradse, indtil hele ens liv til sidst er blevet et stort og betændt sår. Al betændelsen skal fjernes fra såret, før det kan hele. Det er Ammas pligt at behandle såret og fjerne betændelsen. Sådan viser Amma Sin medfølelse til jer, men når Hun gør det, kalder I det mærkeligt. Men Amma går ikke op i jeres reaktion, som skyldes manglende forståelse. I ville kalde Amma normal, hvis Hun bare blev ved med at lindre såret, og samtidig tillod jer at blive ved med at kradse i det. Valget er jeres. Hvis I kun ønsker at såret skal lindres og ikke at det skal helbredes fuldstændigt, så er det i orden med Amma, men så vil I lide senere."

"Forestil jer, at I går hen til lægen for at få et sår behandlet. Lægen giver jer en indsprøjtning, og herefter føler I endnu mere smerte end tidligere. Såret kan blive fyldt med pus, og smerten bliver måske ulidelig. Så spørger I lægen: "Hvordan kan jeg føle så meget smerte, når du har givet mig medicinen?" Herefter svarer lægen smilende: "Vær ikke bekymret. Injektionen skulle bare fjerne al betændelse. Den er nødt til at blive fjernet." Lægen er tilfreds med tilstanden, fordi han ved, at den er et tegn på, at behandlingen virker. Men I synes, det virker mærkeligt, at lægen er glad for resultatet. I kan ikke bebrejde lægen for jeres begrænsede forståelse af situationen. Han ved godt, hvad han foretager sig, og det er hans pligt at gøre det, der er bedst for patienten. Døm ikke lægen. Højst sandsynligt vil man dømme ham på en forkert måde, fordi man ikke ved noget. Han er ved at helbrede såret, men før såret kan blive helbredt, er smerten uundgåelig. Meningen med den smerte, som I oplever nu, er, at den skal fjerne al smerte. Hvis man ikke selv er læge og ikke kender noget til medicinsk behandling, vil ens forestillinger om, hvordan en sygdom skal behandles, være bundet til en selv og ens eget sind."

"Sådan forholder det sig også med en sand Mester. Ens oplevelse af forvirring og smerte skyldes, at man har modtaget spirituel medicin fra mesteren, som bringer betændelsen fra fortidens sår frem."

"Ydre sår og skrammer er ikke et stort problem. De vil snart hele, hvis de får den rette behandling. Men de indre sår er langt mere alvorlige. De kan ødelægge hele ens liv, fordi man ikke ved noget om dem. En normal læge kan ikke behandle den slags sår. De er dybe, indgroede sår, som kræver en alvidende guddommelig læge. En virkelig Mester er fuldstændig nødvendig, en som kan se alle ens tidligere liv, og som ved, hvordan ens indre sår skal behandles og helbredes."

Spørgsmål: "Amma, Du sammenlignede sindet med et fremmedlegeme. Hvorfor er det noget fremmed for os? Vil Du fortælle mere om det?"

Amma: "Når som helst et fremmedelement prøver at trænge ind i vores liv, afviser vi det skånselsløst. For eksempel vil vi straks forsøge at fjerne et støvkorn, der er kommet i øjet. Hvorfor? Fordi det ikke er en del af øjet. Det hører ikke til der. Hvad med en sygdom? Vi vil forsøge at komme af med en hovedpine eller en mavepine, fordi det er noget, der er fremmed for os. Kroppen forsøger at afvise det, fordi det ikke er en del af vores natur. På samme måde er sindet et fremmedlegeme, en fuldkommen fremmed, og vi har brug for at komme af med det."

"Alle vil gerne være glade og fredfyldte. Det kan vi ikke diskutere. Men for at opnå virkelig fred og glæde er man nødt til at gå hinsides sindet og dets ønsker. Det er sindet, som forårsager smerte og sorger. Sindet er som et sår. Hver gang et ønske dukker op, mærker man en "kløende" følese fra sindets sår. At opfylde ønsket er som at kradse i såret, og lindre den kløende fornemmelse i et øjeblik. Men man er fuldstændig uvidende om, at hvis man giver efter for ønskerne, vil det gøre sindets sår dybere. Det er sandheden. Det vil blive mere og mere inficeret. Men sindet vil blive med at kræve og ønske, og man vil fortsætte med at skulle opfylde dets ønsker. Det er som en uophørlig kløen i sindets sår, som kun gør såret større og større."

"Hvis man energisk bliver ved med at gnide i støvkornet i øjet i stedet for at fjerne det, vil smerten og irritationen bare blive større. Man får det kun godt, hvis man fjerner støvet. Sindet er som støvkornet i øjet, det er et fremmedlegeme. Lær at slippe af med sindet. Kun sådan opnår man fuldkommenhed og glæde."

"At være glad og fredfyldt er alle menneskers mål. Men de vælger de forkerte måder at opnå det på. Næsten alle ved godt, at de ikke oplever en virkelig fred og glæde. De mangler noget i livet og søger at udfylde tomrummet ved at anskaffe ting og opnå noget. Men det virkelige problem findes i sindet. Sindet er det fremmede, som skal fjernes. Men hvem er i stand til at gøre det? Kun en, som er helt fremmed for sindet kan ødelægge det. Mesteren er en sådan fremmed. *Mahatmaen,* den Fuldkomne Mester, er måske uforståelig for sindet, men han har indgående kendskab til det mærkelige sind og de forskellige måder, det fungerer på. Han er alle sinds Mester, men for ens eget sind kan han fremstå som et meget mærkeligt fænomen."

"Lige så længe ens sind eksisterer, vil man anse *Mahatmaens* opførsel for at være mærkelig, men når man gradvist lærer at kontrollere sindet og tankerne, vil man indse, at der slet ikke var noget mærkeligt ved *Mahatmaen,* men at det bare var sindet, som var mærkeligt."

"Som Amma tidligere har sagt, er der brug for at kværne sindet. Kun en bestemt fremmed, som befinder sig i mærkelige tilstande, ved hvordan sindet kan kværnes. De fleste har vænnet sig til almindelige mennesker og deres tilstande, og nogle gange vil deres humør og tilstand kværne sindet. Men det er overfladisk og det er ikke tilstrækkeligt. Virkningen af virkelig at kværne sindet er at nå til den dybeste del af sindet, for det er kun sådan, at renselse kan finde sted. Intet almindeligt menneske er i stand til at gøre det, for intet almindeligt menneske, kender ens mærkelige sind så godt som den sande Mester. En sand Mester er hinsides sanserne og sindet. Det er derfor, at man kalder ham mærkelig. Men kun sådan et mærkeligt menneske, som er hinsides sindet og sanserne kan på en effektiv måde kværne sindet og hjælpe med at fjerne det mærkelige sind og dets mærkelige følelser. Den mærkelige person er Mesteren – Satguruen. Satguruen tiltrækker disciplen ved at vise kærlighed og medfølelse og gradvist begynder sindet at blive kværnet, når han udviser en tilsyneladende mærkelig opførsel og tilstande."

"Børn, der findes en talemåde på Malayalam, som hedder "Fang fisken, når du har gjort vandet oprørt". Hvis man får en dam til at blive turbulent, vil alle de fisk, som befinder sig i forskellige dele af dammen komme ud nede fra mudderet i bunden og fra deres andre skjulesteder. De hører den frygtelige lyd og skynder sig ud. Det er som om hele dammen bliver kværnet. Når alle fiskene er kommet frem fra deres skjulesteder, kaster fiskeren nettet ud og fanger dem. På samme måde vil Mesteren skabe turbulens i sindet med sin mærkelige og uforståelige opførsel. Men turbulensen bringer alle *vasanas* (tilbøjeligheder) frem, som skjuler sig indeni. Det er kun, når disse *vasanas* manifesterer sig, at vi kan blive bevidste om dem og fjerne dem. Mesterens mærkelige opførsel er skabt med det klare formål at fjerne sindet. Den turbulens, som Mesteren lader dig gennemgå, har til formål at vise omfanget af alt det negative, man bærer på indeni. Når man først erkender den ufattelige vægt af den negative byrde, man bærer rundt på, vil man få et oprigtigt ønske om at fjerne den. Det vil gøre en i stand til at samarbejde med Mesteren, fordi man ved, hvad der er den grundlæggende årsag til, at man erfarer en kløen; fordi man ved hvor dybt såret er.

Man ønsker ikke at bære byrden længere. Man ønsker at slippe for den byrde og være fuldstændig glad og afslappet. Når man bliver bevidst om det negative, vil det være let at fjerne det. Man finder ud af, at sindet er den virkelige årsag til alle sorger og lidelser, og så vil man ved Mesterens nåde være i stand til at give afkald på det."

KAPITEL 10

En god påmindelse

En *brahmachari* ønskede at forlade ashrammen i et par måneder for at være alene i et stykke tid. Han havde adskillige gange bedt Amma om at få lov til det. Men Amma svarede ham hver gang: "Hvorfor ønsker du at tage af sted? Tror du, at det vil gavne dig? Amma tror ikke, at du vil opnå noget ved at være væk fra den atmosfære, der findes her. Hvis dit mål er Selvrealisering, er det bedste for dig at blive her. Men hvis du ønsker at følge dine *vasanas,* er det også i orden, og så kan du bare gøre det. Det er dit sind, som er problemet. Så længe du tager sindet med dig, vil du ikke opnå noget, uanset hvor du tager hen. Du bliver ved med at forandre steder og situationer, men du vil blive ved med at være det samme menneske, du altid har været. Du vil fortsætte med at have de gamle vaner og tilbøjeligheder, medmindre du formår at standse dit støjende sind. Selvrealisering vil være uden for rækkevidde, hvis du ikke formår at gøre sindet stille og roligt. Du har ikke behov for et andet sted eller en anden situation, du har brug for et menneske, som har bragt sit eget sind i en tilstand af fuldstændig ro. Det er kun et sådant menneske, som kan hjælpe dig til at blive opmærksom på det virkelige problem og finde en løsning på det; kun et sådant menneske kan hjælpe dit sind til at blive stille og roligt."

Brahmacharien besluttede sig alligevel for at tage af sted. En dag forlod han ashrammen tidligt om morgenen og efterlod et brev, hvor der stod: "Amma, tilgiv mig for ikke at adlyde Dig. Ønsket om at være alene er så stærkt, at jeg ikke kan modstå det. Åh Medfølende Moder, vær god ved mig og tag imod mig som Din søn og discipel, når jeg vender tilbage."

Men *brahmacharien*, som ønskede at være alene i mindst tre måneder, vendte tilbage til ashrammen allerede samme dag. Han beskrev senere en meget interessant hændelse, som havde tvunget ham til at opgive ideen om at forlade ashrammen. Han havde håbet, at han kunne tage den tidligste morgenbus til Kayamkulam. Han havde taget en båd hen over vandområderne ved ashrammen og skulle lige til at fortsætte hen til busstoppestedet, da der pludselig kom en halv snes hunde lige hen foran ham og spærrede vejen. Brahmacharien troede ikke, at de var farlige, så han besluttede sig for at ignorere dem og forsøgte at gå videre. Men så snart han rørte på sig, begyndte hundene at gø, og de så meget vrede ud. Brahmacharien tog en kæp, som lå i nærheden, og forsøgte at skræmme dem væk. Men det blev hundene endnu mere ophidsede af, og de gøede højlydt. Nogle af hundene nærmede sig brahmacharien på en truende måde. Han havde ønsket at skræmme hundene væk, men til sidst blev han selv så bange, at han lagde kæppen fra sig. Så snart han havde gjort det, holdt de op med at gø. De stod helt stille, men gav ikke op. De blev ved med at stå i vejen for ham og flyttede sig ikke en tomme. *Brahmacharien* gjorde et andet og et tredje forsøg på at fortsætte hen til busstoppestedet, men lige så snart han forsøgte at tage et skridt i den retning, begyndte hundene igen at gø, og de blev ved med at blokere vejen for ham.

På et tidspunkt blev *brahmacharien* så vred på hundene, at han tog et par truende skridt hen mod dem. Men da han gjorde det, sprang en af hundene meget hurtigt på ham og bed ham i læggen på det højre ben. Det var ikke et dybt sår, men det blødte. *Brahmacharien* var chokeret over det, der var sket. Det blev en øjenåbner for ham. Han tænkte: "Det må være Ammas *leela*, fordi Hun ikke ønsker, at jeg skal tage af sted. Jeg adlyder Hende ikke, men det lykkes ikke for mig at gå mod Hendes vilje, når Hun ikke tillader det. Hvorfor ville hundene ellers opføre sig så mærkeligt?"

Det trøstede *brahmacharien* at tænke sådan, og han vendte derefter tilbage til ashrammen.

Brahmacharien ønskede at holde hændelsen hemmelig. Han besluttede sig for at fortælle Amma om det på et senere tidspunkt, når lejligheden bød sig. Men næste morgen sagde Amma til hans forbløffelse: "Hundene lærte dig noget, gjorde de ikke?" Amma begyndte at le og fortsatte: "Søn, lad det være en passende straf for, at du ikke adlød." Snart havde alle hørt, hvad der var sket. I de næste to dage gik *brahmacharien* rundt i ashrammen med bind om benet, og de andre i ashrammen grinede af ham og drillede ham. Da Amma så bindet om benet grinede Hun og sagde: "Lad det tjene som en god påmindelse." *Brahmacharien* fik meget dårlig samvittighed, han græd og bad Amma om at tilgive ham.

Senere blev han optaget af at finde ud af, hvordan det var gået til. Han spurgte Amma: "Hvorfor opførte hundene sig så mærkeligt? Det var Din vilje, som viste sig gennem dem, var det ikke? Men er den slags muligt?"

Den sande Mesters altgennemtrængende natur

Amma svarede: "Søn, har du ikke hørt historien om, hvordan hele naturen svarede, da den store vismand Veda Vyasa kaldte på sin søn, Suka, og indtrængende bad ham om at komme tilbage? Selv som dreng var Suka uden tilknytning til verden. Veda Vyasa ønskede, at hans søn skulle gifte sig og leve et normalt liv som husholder. Men Suka, der var født guddommelig, følte en stor trang til at give afkald på et verdsligt liv. En dag opgav han alting og tog af sted for at blive *sannyasin*. Mens Suka gik af sted, kaldte Veda Vyasa på sin søn. Det var naturen, der svarede på hans kalden – træerne, planterne, bjergene, dalene, dyrene og fuglene – og han fik svar alle vegne fra. Men hvad vil det helt præcist sige?"

"Et menneske, som er blevet ét med den Højeste Bevidsthed, er også ét med hele skabelsen. Han er ikke længere kun kroppen. Han er livskraften, som skinner i og gennem alt i skabelsen. Han er den Bevidsthed, som giver skønhed og liv til alting. Han er det iboende Selv i alt, der findes. Det er det, historien betyder."

"Da Veda Vyasa kaldte på sin søn, Suka, svarede naturen, fordi Suka var den Rene Bevidsthed, som findes i alting i naturen. Veda Vyasa kaldte på Suka, men Suka var ikke kroppen, og derfor havde han intet navn og ingen form. Han var hinsides navn og form. Han eksisterede indeni alle, og alle skabningers kroppe tilhørte ham. Han fandtes i hver en krop, og derfor svarede alting tilbage.

"Du så kun hundenes kroppe. Men hvad var der indeni de kroppe? I hver krop holder Atman til. Man kan kalde det man ser for en hund, fordi den har en hundekrop. Men når man erkender sandheden, vil man erfare, at hunden og alt det eksisterende i skabelsen er gennemstrømmet af den Højeste Atman. En sand *Mahatma* kan få alt til at adlyde sig, både det sansende og det, som ikke sanser. Alting tilhører ham, alt kan kontrolleres af ham. Intet er umuligt for en *Mahatma*. Selv en planke af træ vil gøre præcis det, han ønsker, at den skal gøre. Hvad kan han så ikke bede en hund om at gøre, når hunden er langt mere intelligent? *Mahatmaen* kan handle gennem solen, månen, verdenshavene, bjergene, træerne og dyrene. Han kan udtrykke sig selv gennem hele universet. Han behøver blot at give en kommando. Et ord, et blik, en tanke eller en berøring er nok til at få hvad som helst til at adlyde."

"Kender du historien om, hvordan Sri Krishna fik hele flokken af køer til at gøre modstand mod en kraftfuld dæmon, som var kommet for at stjæle dem? Blot ved at spille på fløjten fik han køerne til at vende sig mod den. Dæmonen var en af de tjenere, der arbejdede for Krishnas onde onkel Kamsa. Kamsa havde på mange forskellige måder forsøgt at dræbe Krishna. Han havde sat den ene efter den anden af sine trofaste dæmoner til at udføre opgaven. Men alle hans forsøg slog fejl. Kamsa blev mere og mere hævngerrig, fordi det gang på gang ikke var lykkedes for ham. En dag kaldte han på en anden dæmon og beordrede den til at dræbe alle de køer, som tilhørte Krishna og hans venner."

"Hver morgen plejede Krishna og de andre drenge, som også var kohyrder, at tage køerne med ud på engen for at græsse. Engene lå langt fra Gokul, hvor Krishna og Hans venner boede. En dag dukkede dæmonen op, mens de tilfredse køer græssede ude i en skov. Først forsøgte dæmonen at få alle køerne med sig hen til et mere passende sted, hvor han kunne bruge sine dæmoniske kræfter på at dræbe dem. Dæmonens skrækkelige udseende var nok til at skræmme køerne, de løb omkring i alle retninger, og det virkede som om, de var blevet helt afsindige. Det lykkedes dæmonen at samle hele flokken og få dem til at løbe i samme retning. Kohyrderne, som var Krishnas venner, var forfærdede og skyndte sig hen til det sted, hvor Krishna sad. Da de fortalte Ham, hvad der var sket, smilede Sri Krishna, han tog sin fløjte frem og begyndte at spille en smuk, melodiøs sang. Der var ikke brug for andet. Så snart de hørte tonerne, begyndte køerne, som løb i den retning dæmonen havde drevet dem hen, at vende sig om og forfølge dæmonen. Der var hundredvis af køer, og med et havde dæmonens magiske kræfter slet ingen virkning på dem. Til sidst var det dæmonen, som var tvunget til at flygte fra køerne."

"Helgenen Jnaneswar kunne få en væg til at bevæge sig og en okse til at chante Vedaerne."

"Når man kan mestre sindet, er man herre over hele skabelsen. Det indebærer ikke kun, at man er herre over sit eget sind. Man bliver herre over alle sind, alle sind er under ens kommando. Man er helheden og ikke delen. Når man indser det, kan der ikke længere være nogen adskilthed fra noget."

Søg tilflugt ved en fuldkommen Mesters fødder

På et senere tidspunkt gav Amma en uddybende forklaring på hændelsen med *brahmacharien*, som forsøgte at rejse væk. "Mennesker rundt omkring i hele verden rejser fra det ene sted til det andet for at søge spiritualitet og Selvrealisering. De ønsker at finde et fredfyldt og ensomt sted, måske en hule eller en skov eller et område med bjerge, hvor en flod strømmer forbi i nærheden, og så videre. Det første de skulle gøre var at være tålmodige og slå sig ned et eller andet sted – men ikke bare hvor som helst de ønsker det; det skal være ved fødderne af et menneske, som kan hjælpe dem til at indse, at deres problemer ikke skyldes noget uden for dem selv, men at de findes indeni. Det skal være nogen, som kan tage den søgende ved hånden og føre ham hen til målet; det skal være nogen, som får den søgende til at opleve, at han ikke er alene – at han altid vil modtage hjælp og kærlig vejledning fra sin Mester, som er udrustet med uendelig spirituel kraft."

"Det er ikke en let vej, og der er smerte forbundet med at gå den vej. Men den søgende må ikke føle alt for meget smerte, for så vil han måske forlade vejen eller ønske at løbe sin vej. Det er svært at finde kompetente studerende i disse tider. For længe siden den gang værdier som sandhed og tro var mere udbredte i samfundet, fandtes de oftere. Deres fokus på målet var så stærkt, at det var let for dem at klare Mesterens strenge disciplinering. Disse søgende havde fuldkommen og helhjertet tro, og de formåede at overgive sig. Men tingene har forandret sig. Tro og overgivelse er blevet begrænset til noget, man siger med ord. Den moderne tidsalder er kendetegnet ved, at man taler mere og gør mindre, og sindets tilbøjeligheder er stærkere end tidligere. Ingen ønsker at blive disciplineret. Alle ønsker at holde fast i deres ego, det er så dyrebart for dem. Folk tror, at egoet er smukt; det anses ikke længere for at være en byrde. Folk oplever ikke længere egoets tyngde. De føler, at det er behageligt at

befinde sig inde i dets lille hårde skal. De føler sig bange og usikre ved at komme ud af det. De tror, at de er godt beskyttede, hvor de er. Alt det, der er udenfor og hinsides egoets skal, virker skræmmende, det er ukendt, og derfor føles det ikke trygt. De tror, at det, som findes hinsides egoet ikke er egnet for dem, men kun for dem som "ikke er i stand til at gøre noget andet"".

Det kræver mod at overgive sig

"Det er ikke let at overgive sig til en Mester. Det kræver mod. Det er som at springe ned i en flod. Mesteren er floden, der strømmer. Når man først springer ned i den, vil strømmen uvægerligt føre en ud til havet. Det er ikke muligt at komme væk. Man kan kæmpe og forsøge at svømme mod strømmen, men floden er så stærk, at den uundgåeligt fører en hen til oceanet – til Gud eller til Selvet – ens virkelige hjemsted. At springe i er at overgive sig. Det kræver et modigt sind, fordi det kan sammenlignes med, at kroppen og sindet dør.

"Det kan være, at man ikke hopper i lige nu, fordi man ikke er parat til at springe ned i flodens dybe vand. I øjeblikket kan det være, at man står på flodbrinken og nyder flodens skønhed. Man kan ønske at nyde den kølige milde brise, vandets uophørlige klukken og flodens udstråling og kraft. Det er i orden. Floden vil ikke tvinge nogen til at hoppe i, og man kan stå der lige så længe, man ønsker det, for den vil ikke bede nogen om at gå. Den vil ikke sige: "Nu er det nok! Gå din vej! Der er en lang venteliste!" Den vil heller ikke sige: "Okay, tiden er kommet. Enten hopper du I nu, eller også tvinger jeg dig til at gøre det!" Der vil ikke ske noget, der minder om den slags. Det er helt op til en selv. Man kan enten tage springet eller blive stående på bredden. Floden er der ganske enkelt. Den er altid villig til at acceptere og rense den, som kommer."

"Mesterens flod har ikke et ego. Den tænker ikke: "Jeg flyder, jeg er kraftfuld og smuk. Jeg har kraften til at tage dig til oceanet. I virkeligheden er jeg oceanet. Se hvor mange mennesker, der bader og svømmer i mig, og se hvor glade de er for mig!" Nej, mesterens flod har ikke den slags følelser. Den strømmer blot, fordi det er dens natur at gøre det."

"Men når man først dykker ned i den, er den strøm sådan, at man næsten vil blive til et lig. Man vil opleve, at man bliver så magtesløs, at man ikke har noget andet valg end at være stille og lade floden føre sig, hvorhen den end ønsker det. Man har friheden til at vælge. Man kan enten blive på bredden eller dykke. Men når først man dykker, har man ikke længere noget valg; man vil miste sin individualitet, man vil være nødt til at opgive sit ego. På det tidspunkt forsvinder man, og man finder samtidig ud af, at man flyder i Ren Bevidsthed."

"Så man er fri til at blive oppe på bredden. Men hvor længe? Før eller senere er man enten nødt til at vende tilbage til verden eller tage springet. Selvom man vender tilbage til verden, er flodens skønhed og udstråling så fortryllende og fristende, at man vil blive ved med at komme tilbage. Dagen vil komme, hvor man til sidst er fristet til at tage det endelige spring. Og så vil man omsider dykke – det vil uvægerligt ske."

"Mens man står på bredden, er der mange ting, man kan sige om floden. Man kan synge om den, man kan beskrive dens skønhed, man kan have mange meninger om den, og man kan fortælle om floden og dens historie i en uendelighed. Men man beskriver floden og fortæller historier om den, uden at man bare en eneste gang er dykket ned i den. Og uanset hvad man siger om dens storhed, så er det ganske enkelt uden mening, hvis man aldrig har været nede i den. Når man omsider dykker ned i den, når man omsider overgiver sig til Eksistensens Flod – den Fuldkomne Mester – vil man være stille. Man har ikke længere noget at sige."

"Overgivelse gør en stille. Overgivelse ødelægger egoet og hjælper til at erfare ens egen intethed og Guds alvidenhed. Når man ved, at man er intet, at man er fuldkommen uvidende, så har man ikke noget at sige. Man har kun ubetinget og udelt tro; man kan kun bøje sig i den yderste ydmyghed. Hvis man skal have virkelig viden, skal man være ydmyg. Egoet og virkelig viden kan ikke fungere sammen. Ydmyghed er et tegn på virkelig viden."

"Der er mennesker, som er gode til at tale. De har ofte store egoer. Der er undtagelser, men den generelle tilbøjelighed er, at man taler mere og gør mindre. Hvorfor? Fordi man ikke har overgivet sig til en højere virkelighed, til livets højeste værdier. Man har ikke virkelig accepteret Guds alvidende natur, og man har ikke virkelig erkendt sin egen intethed, selvom man taler om det. Den slags mennesker gør måske meget godt for verden, men de kan også gøre en masse skade."

"Amma ønsker ikke at generalisere. Det er ikke alle, som er på den måde. Der er nogle mennesker blandt dem, som har overgivet sig, men det er kun ganske få, og de kan tælles på en enkelt hånd. Den generelle tilbøjelighed er at være så egoistisk som mulig."

Egoet dræber ens virkelige Selv

"Det største problem med politik og forretningsliv er den hårde konkurrence, den styrkeprøve, som finder sted mellem medlemmerne af et parti eller rivaliserende grupper inden for forretningslivet, når de kæmper om at have mest magt. I den slags situationer er man nødt til at vise en form for aggression mod sine rivaler; man ønsker at overvinde dem, og man får behov for at vise dem, at man tæller, og at man er noget. For at opnå det mål tager man alle slags metoder i brug. Man er helt ligeglad med, at det er umenneskeligt. I kampen for at overleve mister man sine menneskelige kvaliteter. Man bliver næsten som et dyr. Man mister hjertet, og det bliver erstattet af en hård klippe. Omsorgen for ens medmennesker går tabt. Det virkelige i en selv bliver ofret. Amma har hørt en historie: "En mand var involveret i en retssag. Han troede, at han måske ville tabe den, og da han var helt desperat, fortalte han advokaten, at han ville give dommeren en række golfkøller som bestikkelse. Advokaten var chokeret og sagde til sin klient: "Dommeren sætter en ære i at være ærlig. Han kan ikke bestikkes. Hvis du gør det, vil det kun få ham til at vende sig imod dig, og så kan du hurtigt regne ud, hvad resultatet bliver."

"Manden vandt retssagen, og da den var forbi, inviterede han sin advokat på middag. Han takkede ham for hans råd om golfkøllerne. "Jeg sendte dem faktisk alligevel til dommeren, " sagde han, "men jeg gjorde det med vores modstander som afsender".

"Egoet gør livet meget lig en slagmark, og på slagmarken findes der kun fjender, der er ingen venner, ingen nære og kære. På slagmarken er der ingen kærlighed og omsorg for andre. Man tænker hele tiden på, hvordan man kan ødelægge andre. Man tænker slet ikke på at glemme og tilgive. Selv dem, som ser ud til at være på ens egen side, forsøger at skubbe en ned. De tænker bare på samme måde, som man selv gør. De har den samme mistænksomhed. Og på den måde går det til, at man først forsøger at få bugt med modstandere, og siden hen ender man med også at bekæmpe de mennesker, som er på ens egen side. Magt og penge gør en blind. Hvorfor skal der være så mange vanskeligheder? Fordi der ikke er nogen overgivelse eller ydmyghed. Alle føler, at de er noget særligt, og at de er de store. Så derfor bliver de ved med at vise andre, hvor store de er, og det er den slags, som altid ender med ødelæggelse."

"For nylig var der en skuespiller, som kom og besøgte Amma og fortalte Hende om sin kamp for at overleve i filmbranchen. Han sagde til Amma: "Folk tror, at filmbranchen er et af de bedste steder at arbejde, og at filmstjerner er lykkelige og tilfredse med deres liv." Med stor smerte fortalte han Amma, at filmbranchen er et af de værste erhverv, man kan involvere sig i, fordi der er så meget jalousi og konkurrence mellem skuespillerne. De skuespillere, som er på toppen, opmuntrer aldrig de andre skuespillere til at klare sig godt. Selvom der er mange talentfulde skuespillere og skuespillerinder, er de overladt til producerens, instruktørens og de førende skuespillere og skuespillerinders nåde. Der hersker en skamløs fjendtlighed mellem dem, og de forsøger hele tiden at nedgøre hinanden i stedet for at hjælpe hinanden."

"Nogle gange forsøger folk at skjule deres ego, når de vil opnå bestemte ting. Lad os forestille os, at der er en, som søger arbejde. Han har gået i lang tid uden at have fundet et arbejde. Når han fremstiller sig selv for ejeren af en fabrik, er han meget omhyggelig med at skjule sit ego, og han lader som om, at han er meget ydmyg. Han indvilliger i at følge alle de betingelser, som ejeren opstiller, da han underskriver kontrakten. Han aflægger endda flere løfter om, at han aldrig vil deltage i nogen strejke eller protest, som kan blive organiseret mod ledelsen, og han lover, at han altid vil gøre sin pligt og overholde tidsfrister. Men så snart han får jobbet, begynder han at opleve, at han er noget, og han ønsker at vise det. Han begynder at bryde sine løfter og glemmer alt om, at han afgav dem. Så kommer hans ego frem fra sit skjul."

"Når man overgiver sig til en højere bevidsthed, opgiver man alle sine rettigheder; man slipper grebet om alt, hvad man har holdt fast i. Det gør ikke længere nogen forskel, om man opnår noget eller mister noget. Man længes efter at være ingenting, absolut ingenting. Så dykker man ned i Eksistensens Flod."

"Egoet eller sindet er det, som får en til at føle, at man er noget. Hvis det ikke bliver ødelagt, kan man ikke dykke dybt ned i sin egen bevidsthed. Man er nødt til at blive ingenting. End ikke det mindst spor af "jeg er noget" bør være der. Hvis man er noget, kommer man aldrig ind i den Rene Bevidstheds sfære."

Skønheden findes i fraværet af ego

"Egoet kan kun ødelægge ting. Det ødelægger alt – selv livet. Det ødelægger alt det gode og smukke. Når egoet dominerer, vil det grimme også dominere, fordi det er iboende i egoet at være grimt og frastødende. Et egoistisk menneske kan måske anses for at se godt ud og være yderst dygtigt, men man vil alligevel føle, at der er noget ubehageligt ved ham."

"Dæmonkongen Ravana var meget smuk, majestætisk og talentfuld. Han var en stor sanger og musiker. Han formåede at spille meget smukt på adskillige instrumenter. Han var tillige meget lærd og en stor komponist og forfatter. Men hele tiden var der noget afskyeligt ved ham. Selvom han havde alle disse store kvaliteter, havde han også et meget ubehageligt væsen. Årsagen var, at han var ekstremt egoistisk. Han anså sig selv for at være større og bedre end alle andre. Tanken om at "jeg er noget stort" vil skabe noget grimt i et menneske."

"På den anden side var Vedavyasa slet ikke smuk at se på. Men hans tilstedeværelse udstrålede noget guddommeligt og usædvanligt smukt, fordi han var indbegrebet af ydmyghed og enkelhed. Han havde ikke noget ego. Han havde en ægte storhed, men han udgav sig aldrig for at være stor på nogen måde. Han tænkte om sig selv, at han ikke var noget, og det var årsagen til, at han var alt."

"Vedavyasa var en sjæl, som havde overgivet sig fuldstændigt; mens Ravana derimod slet ikke havde overgivet sig. Ravanas ego var meget stort; mens Vedavyasa slet ikke havde noget ego. Hele hans person var Ren Bevidsthed. Forskellen er kolossal."

Alle, der hørte Ammas ord, var tryllebundne. De blev ved med at se på Hende – den uforståelige Ene. Br. Pai sang en sang, der hedder

Ammayennullora Ten Mori.

Findes der noget andet navn
blandt eksistensens talrige navne
som er lig Ammas honningsøde navn?

Findes der nogen anden sfære
end Din Kærlighed
som er et værdigt sted for mine tanker
at hvile?

Oh Moder, hvis du forlader denne hjælpesløse stakkel
som vandrer på de ensomme nætters bred
vil mit sinds have
være hjemsøgt af endeløse sorger

Oh Moder, findes der nogen anden end Dig
som kender mine allerinderste sorger?
Hvis vi der tilbeder Dig
skulle blive foragtelige
hvilket formål ville der så være med
at meditere på Dine Lotus Fødder?

Oh velsignede uendelige Lys
Vis godhed og kærtegn mig med berøringen
af Dit blik
Hvis Du gør det, vil mit sind flyde
i den hellige flod
af nektarfyldt lyksalighed

Kapitel 11

Der var en aften under Devi Bhava, hvor Br. Balu ikke kunne synge, fordi han havde ondt i halsen. I stedet for sad han inde i templet og mediterede. Han gentog sit mantra, og indimellem sad han blot og kiggede på Ammas strålende ansigt.

Saumya sad på den anden side af Amma og hjalp til, som hun plejede at gøre ved hver eneste Bhava *darshan*. I begyndelsen var Gayatri og Saumya de eneste brahmacharinis, som boede permanent i ashrammen. Før det i de allertidligste dage, der hvor Krishna og Devi Bhava begyndte, var det lokale kvindelige hengivne, som sad ved siden af Amma og tjente hende ved hver Bhava *darshan*. Da Gayatri kom for at bo der permanent i begyndelsen af 1980, begyndte hun at sørge for Ammas personlige behov, og det var også hende, som tjente Amma under de Guddommelige Tilstande. Opgaven med at tjene Amma under Bhava *darshan* gik senere videre til Saumya, da hun i slutningen af 1982 permanent flyttede ind i ashrammen.

Den gang plejede Amma at lade en af brahmacharierne sidde lige ved siden af Sig på venstre side under Devi Bhava. Det var meget dyrebare øjeblikke. Når Hun bad en brahmachari om at sidde i nærheden af Sig, plejede Hun at smøre lidt sandelpomade mellem hans øjenbryn. Det havde en vidunderlig virkning på den, der modtog det; det skabte en følelse af vældig stor fred, sådan at han helt spontant blev opslugt i en dyb meditation. Hun plejede at velsigne dem på den måde, og den første gruppe brahmacharier var meget heldige at modtage velsignelserne og få disse oplevelser. Der var også tidspunkter, hvor Hun plejede at kalde på en af dem, og bede ham om at lægge hovedet i Hendes skød. Mens han lå med hovedet i Ammas skød, fik han vidunderlige syner og andre spirituelle oplevelser. Det blev selvfølgelig anset for at være et stort privilegium og en særlig velsignelse at få lov til at sidde ved siden af Moder under Devi Bhava. Der var også mange lejligheder, hvor Amma skænkede denne velsignelse til en hengiven husholder.

Fordi tilladelsen til at sidde ved siden af Amma under Devi Bhava blev anset for at være et udtryk for Hendes særlige kærlighed, plejede hver eneste brahmachari at vente længselsfuldt og ængsteligt på, at Amma ville kalde på ham. Men blandt de seks eller syv brahmacharier, som den gang boede i ashrammen, plejede Moder kun at invitere en af dem til at sidde ved siden af Sig ved hver Devi Bhava. Visse dage ignorerede Hun fuldstændig brahmacharierne og bad en hengiven husholder om at sidde ved siden af Sig. Da de andre indså, at de mistede chancen for at komme til, blev de meget misundelige på den, der var blevet valgt. Men med tiden holdt Amma helt op med at kalde på en af dem.

Minderne om de dage er stadig friske og levende blandt brahmacharierne. De dybe og spontane meditationsoplevelser, som de plejede at få ved disse lejligheder var ud over det sædvanlige. Nogle gange tog Amma sig også tid til at besvare spørgsmål fra den person, som sad ved siden af Hende.

Dette var en sådan velsignet aften for Br. Balu.

Ude på verandaen foran templet blev der sunget *bhajans* med stor intensitet. Br. Pai sang:

Oru Pidi Sneham

Jeg har søgt efter skygger
i længsel efter et lille stykke kærlighed
Men da jeg næsten fik fat i noget
undslap kærligheden mit greb
Oh Moder, her er jeg
søgende igen
Oh Moder

Mit hjerte er knust
Det er ramt af sorgens piskende hårde bølger
Oh Moder
Hvordan kan denne knuste sjæl
søge efter Dig?
Er du ligeglad?
Oh Moder, er du ligeglad?

Mens jeg uophørligt drikker
sorgens tårer
kan jeg ikke sove længere
Oh Moder, vis mig nåde
så jeg kan vågne igen
og finde mig selv
ved Dine Lotus Fødder

Balu sad tæt ved væggen ikke så langt fra Amma. Han så Ammas smukke udstråling og tænkte ved sig selv: "Hvor ville det være vidunderligt, hvis Amma kaldte på mig nu og bad mig om at sidde i ved siden af Sig." Pludselig så Amma smilende på ham og inviterede ham til at komme og sidde ved siden af Sig. Balus glæde kendte ingen grænser. Tanken om at Amma havde svaret på hans bøn så hurtigt, gjorde at han følte sig fuldstændig åben og modtagelig.

Uden at spilde et sekund flyttede Balu sig hen i nærheden af Amma og satte sig på gulvet ved siden af Hendes *peetham*. Moder så på ham med et strålende smil og sagde: "Amma vidste, at du havde et intenst ønske om at sidde ved siden af Hende". Balu fæstnede sit blik på Ammmas ansigt og begyndte stilfærdigt at græde. Da Amma så det, strømmede Hendes medfølelse, og Hun udtrykte det ved blidt at lægge Balus hoved i Sit skød. Og mens Hun vuggede hans hoved i Sit skød, fortsatte Hun med at give darshan til de hengivne.

Fra templets veranda kunne man høre Pai chante det følgende *Amritanandamayi Stavamanjari* sloka som en introduktion til en sang.

Amritanandamayi Stavamanjari

Jeg lægger mig ærbødigt foran Dig, Oh Moder
Som er Essensen af Aum
den Uendelige, den Evige
Eksistens-Viden-Lyksalighed, fuldkommen
som blandt de vise skinner i hjertets tempel...

Som bringer glæde til retskafne og trofaste disciple
fordybet i meditation...

Som giver dem den brændende hengivenhed
som opstår ved sjælens hengivne sang...

Moderen, som tilbedes
af de, der har dyder

Balu løftede sit hoved fra Ammas skød og så endnu en gang ind i Ammas strålende ansigt. Da Hun så på ham med medfølelse, spurgte han Hende: "Amma, har jeg været med Dig i alle Dine tidligere inkarnationer?"

Amma smilede og svarede: "Søn, du har altid været med Amma. Søn, vid at alle dem, som er med Amma nu, var med Hende i alle Hendes tidligere inkarnationer. Hvordan kunne du ellers føle den stærke og spontane forbindelse til Hende?"

Spørgsmål: "Amma, der er nogen, der siger, at det er Guruen, som vælger disciplen; andre siger at disciplen vælger Guruen. Hvad er rigtigt? Valgte Du mig, eller valgte jeg Dig? Fandt jeg Dig, eller fandt Du mig? Kan du forklare det?"

Amma: "Søn, hvis Amma fortalte dig, at Hun valgte dig, ville du så fuldstændig blindt tro på det uden nogen form for tvivl? Nej, det tror Amma ikke. I din nuværende tilstand vil du måske tro på det i et lille stykke tid, men så vil der ikke gå særlig lang tid, før sindet vil begynde at komme med indvendinger. Det vil bruge teorien om årsag og virkning, og når den tankegang bliver brugt, begynder analysen, hvor du tænker: "Okay, så Amma sagde, at det var Hende som fandt mig. Men hvis Hun fandt mig, så må det være på grund af noget. Hvad kan årsagen til det være? Det må være på grund af min *punya* (dyder, fortjenester) eller på grund af *tapas,* som jeg har gjort." Og hvis du tænker på den måde, så vil egoet langsomt snige sig ind."

"Det kan alt sammen virke meget logisk, men den bedste indstilling for din spirituelle vækst vil lyde sådan her: "Gud valgte mig. Min Mester valgte mig. Jeg var fortabt og jeg blev fundet af min Mester, mit Et og alt. "

Spørgsmål: "Vil jeg opnå Selvrealisering i denne livstid, eller skal jeg fødes igen for at opnå det?"

Amma: "Søn, vil du være i stand til at gøre en stor nok indsats for at ødelægge dit sind og alle dine ønsker i denne livstid? Amma vil altid være ved din side, hun vil vise dig vej og holde dig i hånden. Men vil du være i stand til at gøre din *sadhana* regelmæssigt og uden at bryde den, sådan som Amma siger til dig, at du skal? Hvis du kan gøre det, vil Amma antage, at du ikke bliver født igen."

"Søn, hvis du følger din spirituelle praksis præcis sådan som Amma siger, så vil du helt bestemt opnå den Selvrealiserede tilstand på tre år. Amma kan garantere dig det. Så vil du ikke komme tilbage. Men sindet skal forsvinde; egoet skal dø. Hvis der er så meget som et spor af sindet tilbage, vil du være nødt til at komme tilbage."

Spørgsmål: "Amma, jeg er ikke bange for at komme tilbage. Jeg ønsker bare at være med Dig, selvom jeg er nødt til at have mange flere liv!"

Amma: "Hvis du virkelig er med Amma i denne livstid, vil du helt bestemt være med Hende i alle fremtidige inkarnationer. Der er ingen tvivl om det."

Spørgsmål: "Amma, hvad mener du med "hvis du virkelig er med Amma"? Er jeg ikke med dig nu?"

Amma: "Ubetinget at adlyde Amma er, hvad det betyder, at "virkelig være med Hende". At befinde sig fysisk i nærheden af Amma uden at være opmærksom på de spirituelle principper, Hun står for, er ikke virkelig at være med Hende - det er at glemme Hende. Virkelig at huske Amma er at adlyde Hendes ord og forstå den spirituelle betydning af dem, og at praktisere dem. Men at være i nærheden af en *Mahatma* vil få renselsen til at ske helt af sig selv."

Balu så op på Moder og sagde: "Amma, en sidste bøn. Velsign mig så jeg altid må være i Dit Guddommelige Nærvær."

Moder dyppede sin pegefinger i en lille skål med sandelpomade. Hun satte fingerspidsen mellem Balus øjenbryn, og Balu følte en umådelig stor lykke. Han lukkede sine øjne, og mens Amma fortsatte med at presse Sin finger mod hans tredje øje, blev han opslugt af en dyb meditativ tilstand.

Brahmacharierne sang en sang, der kaldes:

Brahmanda Pakshikal

Oh Moder
Du er det strålende Videnstræ
Galakserne flyver til Dig som fugleflokke
Lad mig vokse i din skygge
indtil jeg når Dig gennem viden om mit Selv

Oh Moder af den Højeste Kraft
Jeg tilbeder Dig og ved
at den blå himmel er Dit hoved

jorden Dine fødder

og hele atmosfæren Din krop

Oh Moder

som prises i alle religioner

som er Essensen af de fire Vedaer

og boligen hvor alle navne og former

til sidst går i opløsning

Jeg lægger mig ærbødigt foran Dig i al ydmyghed

Ved slutningen af Devi Bhava kaldte Amma på Dattan, den spedalske, som kom op til Hende for at få *darshan.* Det var meget rørende og samtidig ærefrygtindgydende at se, hvordan Amma tog vare på ham. Han fik meget mere tid og opmærksomhed end nogen af de andre. Dattan gik op til Amma og lagde sig ærbødigt foran Hendes Fødder. Moder løftede ham op og lagde hans hoved i Sit skød. Efter et stykke tid løftede Hun blidt hans hoved og holdt ham mod Sin skulder. Så begyndte Hun at slikke de betændte sår med Sin tunge. En så stor grad af medfølelse kan man knapt forestille sig. De, der var vidne til det, var på samme tid forfærdede og dybt berørte. En af de hengivne, som stod i templet, besvimede ved synet af det og måtte bæres ud. Så bad Amma de andre hengivne om at forlade templet. Det næste Hun gjorde var lamslående. Hun fik Dattan til at bøje hovedet, og mens Hun holdt hans hoved mellem Sine hænder, bed hun i det dybt betændte sår på hans pande, og efter at have suget blod og betændelse ud af det, spyttede Hun det ud i et lille fad, som Bri. Saumya holdt ved siden af Hende. Da det havde gentaget sig et par gange, tog Hun noget helligt aske og smurte det ud over den spedalskes krop. Moder omfavnede ham en gang til med stor kærlighed, og til sidst gik Hun over til templets åbne døre og begyndte at kaste blomsterblade ud over de hengivne, hvilket markerede afslutningen på Devi Bhava. Det bør også nævnes her, at

Dattan blev fuldstændig helbredt. Hans eneste medicin var Moders spyt. Alle sår forsvandt og kun arrene forblev tilbage på hans krop.

Kapitel 12

Ikke min rettighed men Hans nåde

Det var dagen efter Devi bhava, og der var derfor færre mennesker i ashrammen. Balu, Venu, Ramakrishnan, Rao, Srikumar og Pai[10] sad ved siden af Amma, som lige var kommet ud af Sit værelse. Hun sad foran meditationssalen, og Balu benyttede lejligheden til at spørge: "Amma, i går aftes under Devi Bhava, da jeg spurgte Dig, om det er disciplen, som vælger Mesteren, eller Mesteren, som vælger disciplen, sagde Du, at det altid er godt for spirituel vækst, at disciplens indstilling er, at "Gud har valgt mig," eller "min Mester har valgt mig". Kan du fortælle os lidt mere om den indstilling?"

Amma: "Søn, hvis du tænker, at det var dig, der valgte din Mester, vil det få dig til at føle dig egoistisk. Du kan ikke vælge din Mester, medmindre han ønsker det. Det ville være indbildsk at tænke: "Jeg har valgt min Mester". Så kunne du også forlade ham, når du ønskede det. Men hvordan skulle du have mulighed for at vælge din Mester, som er fuldstændig hinsides alt, hvad du forstår? Før du vælger eller afviser noget, skal du søge at forstå, om det er godt eller dårligt for dig. Hvis det er godt, så vælger du det, ellers gør du ikke. Du kan også bruge det et stykke tid, og så kan du skille dig af med det, når som helst du ønsker det. Der er meget tænkning involveret i den slags valg. Men når disciplen hjælpeløst forelsker sig i Mesteren ved første blik er der ingen tankeproces forbundet med det. Mesterens spirituelle tiltrækningskraft er så stor, at disciplen bliver hans. Tænkning er en forhindring for virkelig kærlighed og selvovergivelse."

---

[10] Balu er i dag kendt som Swami Amritaswarupanandan, Venu = Swami Pranavamritananda, Ramakrishnan = Swami Ramakrishnananda, Rao = Swami Amritatmananda, Srikumar = Swami Purnamritananda, Pai = Swami Amritamayananda.

"Mesteren er ikke en ting, han er heller ikke en begrænset person. Den sande Mester er dit eget Selv, altings Selv. Han er uendeligheden."

"Hvordan kan floden vælge oceanet? Den flyder hjælpeløst mod oceanet. Alle floder er sådan: de bliver ført mod oceanet og flyder sammen med det. Oceanets evne til at tiltrække floden er så uendelig kraftfuld, at floderne er nødt til at flyde i den retning."

"På samme måde bliver du hjælpeløst trukket i retning af den Højeste Mester. Hans uendelige kraft tiltrækker dig, og så flyder du mod Ham. Mesterens kraft udelukker ethvert valg fra din side. Kraften er Hans alene. Det er Hans Nåde, som du ikke kan tage æren for på nogen måde."

"Du er blot en lille jernsplint, som hjælpeløst bliver tiltrukket af den kraftfulde magnet, som er Mesterens spirituelle pragt. En jernsplint har intet valg. Når den først befinder sig inden for magnetens kraftfelt, kan den ikke vælge, om den vil komme eller gå. Når magneten trækker i den, er den ganske enkelt nødt til at bevæge sig i den retning. På samme måde tiltrækkes du hjælpeløst af den Højeste Mester, og du har intet valg. Det sker bare. "

"Mesteren tager dig op af skidtet og løfter dig op til den samme tilstand, som Han selv hele tiden befinder sig i. Derfor er den rette indstilling at tænke: "Jeg valgte ikke Ham, Han valgte mig." Men der er også en fare forbundet med at tænke, at du blev valgt af Mesteren, for så kan du langsomt begynde at føle: "Jeg er den udvalgte. Så jeg må være noget specielt på en eller anden måde." Det er også farligt, fordi med den indstilling kan du hurtigt glemme den rolle, som Mesterens nåde spiller i alt dette. Du kan måske tænke, at fordi din Mester ønskede dig, har du fuldkommen ret til at være Hans discipel, og det kan hurtigt forstørre dit ego. Et spirituelt menneskes ego er langt mere subtilt end egoet hos det menneske, der har et verdsligt liv."

"Det er meget bedre, hvis du tænker: "Det er kun på grund af min Mesters Nåde, at jeg er her sammen med Ham. Det er ikke min rettighed. Det er Hans gave. Det var Mesteren som fandt mig. Jeg var ubrugelig. Jeg var fuldstændig fortabt og uden håb, men på grund af Hans nåde og medfølelse er jeg nu her. Jeg fortjener ikke noget, men Han lader alligevel sin guddommelige nåde strømme ind over mig." Den indstilling vil gøre dig ydmyg, og det hjælper til at udrydde egoet. Det vigtigste er hele tiden at bevare den opmærksomhed. Fordi sindet og *vasanas* kan trække kraftfuldt i den anden retning, er det let at blive offer for dem og glemme Mesterens Nåde. At blive ydmyg er selve målet med det spirituelle liv. Kun ydmyghed er vejen til Gud. Hvis du på den anden side føler, at du blev valgt af din Mester, kan du snart begynde at tænke: "Der findes så mange mennesker i verden, og alligevel valgte min mester *mig*. Jeg må have samlet meget fortjeneste og spirituel kraft i mit tidligere liv. Det må være derfor, han har valgt mig frem for andre. Ingen andre end jeg kan gøre det arbejde, jeg gør her i verden. Han ønskede sig mig, og derfor er jeg her."

"Den slags tanker kan overvælde dig, og så bliver du hurtigt værre end alle andre. Du vil få et stort ego, og det er farligt. Den indstilling vil få dig til at føle dig meget selvbevidst og vigtig. Din personlighed vil blive beskadiget af dit ego. En sand hengiven eller discipel vil have stor ydmyghed, og derfor vil han også besidde en vis spirituel skønhed. Spiritualitetens skønhed findes i ydmygheden."

"Mesteren vælger dig for at frelse dig. At Han har valgt dig, skal anses for at være en gave, som du egentlig ikke fortjener. Det er ikke din rettighed – det er Hans nåde og Hans velsignelse. Hvis du ikke har den indstilling, vil egoet snige sig ind, uden at du er klar over det."

"Man skal være ydmyg og tænke: "Jeg er intet. Du er alt." Kun når man føler, at man ikke er noget, vil man blive alt. Hvis man føler, at man er noget, vil man ikke være noget."

Man skal vogte sig for det subtile ego

Spørgsmål: "Amma, Du sagde, at det spirituelle menneskes ego er meget subtilt, og at det endda kan skubbe os tilbage i verden igen. Kan du forklare det?"

Amma: "Børn, bare tanken: "Jeg er spirituel, jeg er spirituelt avanceret" eller "Jeg har givet afkald" kan være en stor sten på vejen i den spirituelle vækst. Den slags tanker er også en del af egoet, men de udgør en mere subtil del af egoet. Man kan måske tænke: "Jeg er stor, fordi jeg har opgivet alt. Se på de verdslige mennesker derude, som stadig sidder fast i materialismens hængedynd. De er så uvidende!" Du kan måske føle, at de, som lever i verden, befinder sig langt under dig. Hvis du har den slags tanker, viser det kun, at du mentalt set er umoden. Det betyder, at du er uvidende. De, som lever i verden, er måske uvidende, men de er ikke på den spirituelle vej; mens du burde være på den spirituelle vej, og alligevel er du stadig spirituelt uvidende. Den slags tanker kommer fra egoet, og der er behov for at udrydde dem. Hvis du bliver guidet af en virkelig Mester, kan du ikke føle den slags stolthed. Mesteren vil med det samme opdage din stolthed og fjerne den. Det subtile ego er langt mere kraftfuldt og sværere at ødelægge."

"Et verdsligt menneske er stolt af det, han opnår i livet og vil gerne vise det frem. Hans ego er født af tilknytningen til tingene i den ydre verden. Han har et stort smukt hus, som han er knyttet til og føler sig meget stolt af. Huset er udmærket føde for hans ego. Han er også stolt af sin magt, rigdom og omdømme, og nogle gange viser han det frem i stor udstrækning. Man kan opleve det, når man befinder sig i nærheden af ham, selv i den måde han går og taler på, vil man kunne fornemme stoltheden. Jo mere rigdom og magt, man har, des mere ego har man. Om man er rig eller fattig, så er forskellen i ego kun en gradsforskel."

"Desuden vil man have mere ego, jo flere tanker man har. Det er årsagen til, at lærde, tænkere og talere ofte er mere egoistiske end andre. Mennesker, som har en høj position i samfundet, er ofte meget egoistiske, medmindre de har en indstilling, som er kendetegnet ved selvovergivelse. De er vant til at blive offentligt anerkendt for deres enestående arbejde. I reglen ser man, at jo mere berømt man er, des mere egoistisk bliver man, fordi egoet vokser, når det får anerkendelse. Det sker for mange mennesker, som får succes i verden. I den slags mennesker er egoet meget tydeligt; man kan genkende det i deres tale og i deres handlinger. De kan ikke skjule det; de er så fyldt af ego, at deres ego ikke kan skjule sig nogen steder. Men der findes også mennesker, som har opnået berømmelse og anerkendelse, og som alligevel er forblevet ydmyge. Det er sjældne undtagelser."

"Det er meget naturligt for mennesker, der lever et materielt liv at være egoistiske. Man kan undskylde det, fordi de ikke har den rette spirituelle forståelse. Men det kan man ikke gøre med spirituelle mennesker, som har dedikeret deres liv til det formål. Det bliver nødt til at være måden, de lever på. De skal være ydmyge og ikke have et ego."

"Uheldigvis kan det ske, at et spirituelt menneske lærer at skjule sit ego og forestille sig at være meget ydmyg. Han prøver ikke at vise, at han har et ego, fordi han ved, at hvis han viser det udadtil, er det forkert for en spirituelt søgende. Han ved, at andre mennesker ikke vil anerkende det. Det er også sådan i verden, men der er en forskel. I verden kan man som anerkendt ekspert tillade sig at være egoistisk, fordi landet har brug for en. Man kan tale og handle på en selvisk måde, men man kan trygt gøre det på grund af sin ekspertise. Ens ansatte eller dem, som har ansat en, kan ikke bare smide en ud, medmindre de har fundet en god erstatning. Men i det spirituelle liv foregår det ikke sådan. Din spirituelle vækst kan anerkendes ud fra den ydmyghed, fravær af ego og den visdom, som du udtrykker."

"Hvis et såkaldt spirituelt menneske opfører sig på en meget egoistisk måde, vil han ikke blive respekteret af andre mennesker. Han vil bare opnå et dårligt omdømme i samfundet. Når man ved det, kan man lære at undertrykke sin vrede og andre negative tilbøjeligheder og handle som en spirituelt moden person. Det er alt for mentalt og subtilt. Så længe man viser det udadtil, eksisterer det på et grovere plan. Men når man bevidst holder det skjult indeni og opfører sig meget anderledes udadtil, bliver det subtilt og meget farligt."

"Man kan udtrykke egoet udadtil. Det kan også være farligt, men i lidt mindre grad, fordi man i det mindste ikke fører andre mennesker bag lyset. De indser, at man er egoistisk og bliver advaret om, at man har en masse vrede, had og andre negative følelser indeni. Så kan de være forsigtige med en og holde sig på afstand, hvis der er behov for det. Men hvad hvis man er meget god til at skjule sit ego og lade som om, man er en yogi? Så kan folk blive ført alvorligt bag lyset, og det er det samme som at snyde. Men hykleriet kan aldrig vare ved. Det kan ikke skjules i særlig lang tid, for snart vil ens ego begynde at vise sig. Det, som er skjult indeni, vil før eller siden blive manifesteret i det ydre, uanset hvor meget man forsøger at undgå det. Det er kun et spørgsmål om tid."

"Det svarer til, hvordan vi hører, at en svigermor kan opføre sig over for sin nyligt ankomne svigerdatter.[11] I begyndelsen er hun meget kærlig og opmærksom over for hende. Hun vil ikke have, at hun skal arbejde i køkkenet, gøre rent i huset eller gøre noget af det andet arbejde udenfor. Det er som om, hun er en dyrebar sten, som ville blive slidt op, hvis den blev brugt for meget. Man kan høre svigermoderen sige, "Min datter, tænk ikke på den slags ting! Der er mange andre her i huset, som kan gøre det arbejde.

---

[11] I Indien plejer et nygift ægtepar at flytte ind hos mandens familie.

Sæt dig bare ned og slap af." Når den ældste søns kone hører sin svigermor sige den slags ting til den nye svigerdatter, smiler hun for sig selv, for hun ved fra egen erfaring, at det bare er et skuespil; hun ved, at hendes svigermor snart begynder at vise sin virkelige natur. Og det er præcis, hvad der sker. Inden for en uge eller to, kan man høre den svigermor, som i begyndelsen var så kærlig og opmærksom, råbe af sin nye svigerdatter, "Dovne pige! Tror du, at det er dig, der bestemmer her i huset? Vi er ikke dine tjenere! Gå ud og ryd op i køkkenet!" Den slags ting er ikke usædvanlige i indiske familier, selvom det nogen gange foregår omvendt, hvor det i stedet er familien, der bliver offer for svigerdatteren. I de første par uger er hun meget sød og kærlig, men der går ikke lang tid, før hendes virkelig natur viser sig."

"Det sker for mennesker, som forsøger at skjule deres ego for at vinde over andre mennesker og få kontrol over dem. Det kan måske lykkes for dem at skjule egoet i et stykke tid, men det vil alligevel snart manifestere sig. Deres virkelige natur vil udtrykke sig helt af sig selv."

"Et menneske, som har en falsk maske på, som forestiller en spirituelt avanceret person, aner ikke, hvilken frygtelig skade han gør. Han fører andre bag lyset og baner også vejen for sin egen ødelæggelse. Et stort antal oprigtige mennesker kan måske blive fanget af hans vildførelse. Og når de indser, at de er blevet ført bag lyset, vil de miste troen. Fra da af vil de være mistænksomme over for alt, der har noget med spiritualitet at gøre. De vil endda være mistænksomme over for ægte mestre. Tænk på den kolossale skade, som den slags såkaldte spirituelle ledere kan gøre på samfundet og menneskeheden. Et sådant menneskes ego er meget subtilt og vanskeligt at fjerne. Han tror, at han er stor. Det sker naturligt, fordi han er stolt af de store grupper mennesker, som kommer til hans taler og af den anerkendelse, de giver ham. Folk siger til ham: "Åh du er så stor og vidende! Hvor er du veltalende! Du har sådan et nærvær!" Med al den ros og forgudelse vil han selv begynde at tænke, at han er stor. Den tanke kan slå dybere og dybere rødder i ham, og når det bliver dybere, bliver det også mere subtilt. Han lærer at skjule det og lade som om, han er stor. Men der vil ikke gå lang tid før det, der skjuler sig indeni, også vil vise sig udadtil. Den slags mennesker er lette at narre, og de opfører sig også dumt."

Amma beruset af lyksalighed

Der var skyer på himlen. Det så ud som om det snart ville begynde at regne. Lyden af havets bølger steg i styrke, og man mærkede en stærk kølig vind i luften. Amma så op mod himlen og blev pludselig opslugt af en spirituel tilstand. Efterhånden var solen helt overskygget af mørke regnskyer. Selvom den kun var halv tolv om formiddagen, så det ud som om, natten var ved at komme. Snart begyndte det at dryppe. Bri. Gayatri kom ned fra Ammas værelse med en paraply og holdt den hen over Ammas hoved. Beboerne flyttede sig ikke, men blev ved med at sidde i regnen ved siden af Amma. I løbet af et par sekunder øsede det ned. Men Amma blev ved med at sidde på samme sted med Sit blik rettet mod himlen.

Et par minutter senere rejste Amma sig og gik ud i regnen, og Hun begyndte at lege som et barn. Hun løb omkring og dansede i cirkler, mens hun nu og da standsede for at se regnen strømme ned fra himlen. Hun stod med armene helt udstrakte, og Hendes åbne håndflader vendte op mod himlen, som om Hun forsøgte at fange dråberne i Sine hænder. Alle beboerne stod et lille stykke derfra og nød det smukke syn.

Amma var nu blevet helt gennemblødt. Gayatri stod hjælpeløst ved siden af Hende med en sammenfoldet paraply i hænderne. Pludselig satte Amma håndfladerne sammen over Sit hoved og begyndte at dreje omkring i en cirkel, mens Hun samtidig chantede dette vers:

Anandam Saccitanandam
Anandam Paramanandam
Anandan Saccitanandan
Anandam Brahmanandan

Lyksaligheden ved Ren Eksistens/bevidsthed
Lyksaligheden ved den Højeste Lyksalighed
Lyksaligheden ved Ren Eksistens/bevidsthed
Lyksaligheden ved Absolut og Udelt Lyksalighed

Længe efter at sangen var færdig, blev Amma ved med at dreje rundt og rundt. Hendes håndflader var stadig samlede over hovedet, og Hendes øjne var lukkede. Der var overhovedet intet tegn på, at Hun havde nogen kropsbevidsthed. Hun var ført ind i en anden verden. Hendes ansigt strålede og så fortryllende ud. Der var et guddommeligt smukt smil på Hendes læber, og mens Hun fortsatte Sin dans, dryppede regnen ned gennem Hendes mørke, brusende hår og strømmede ned over Hendes kinder.

Ingen vidste, hvad de skulle gøre. Nogen foreslog, at de skulle bære Hende indenfor. Men Br. Nealu mente, at de ikke burde røre Amma, så længe Hun befandt sig i en lyksalig tilstand. Mens de talte sammen om, hvad de skulle gøre, standsede Amma langsomt Sin dans og lagde sig ned på jorden, som nu var blevet forvandlet til en pøl med muddervand. Og mens Hun lå i muddervandet uden at røre sig, udstrålede Hendes ansigt stadig en spirituel glød.

Regnen fortsatte med at øse ned lige så voldsomt som tidligere, og beboerne blev mere og mere ængstelige. Bri. Gayatri, som sad ved siden af Amma på den gennemvåde jord, forsøgte at beskytte Hende med en paraply, og hun insisterede på, at hun ville bære Amma indenfor. Til sidst blev alle enige om at gøre, som hun sagde.

Så snart Amma var blevet båret op på Sit værelse, bad Gayatri alle om at gå ud, så Hun kunne tage det våde tøj af. Alle gik med det samme, og døren blev lukket. Amma forblev længe i *samadhi* tilstanden.

Hvad skal man sige om et så mystisk menneske, som det ene øjeblik er den store Mester og det næste et uskyldigt barn, og så igen få sekunder senere går ind i den højeste *samadhi* tilstand?

Meget sjældent er det menneske, som på grund af vedvarende opslugthed af Brahman er befriet for enhver fornemmelse af de ydre objekters virkelighed, som kun tilsyneladende nyder dem, når de tilbydes af andre, som minder om en sovende eller en baby, der oplever verden som noget, der forekommer i en drøm og kun nu og da bemærker den. Han nyder frugten af fortjenester, som ikke kan beskrives med ord, og i sin gang på jorden er han i sandhed velsignet og holdt i ære.

Vivekachoodamani

KAPITEL 13

Guddommelighed kan ikke lånes – Fortællingen om Paundra Vasudeva

Amma sad i det lille rum, som blev brugt som bibliotek. Spørgsmålet om det subtile i det spirituelle ego blev rejst endnu en gang. En af brahmacharierne spurgte: "Amma, i går da Du talte om det spirituelle menneskes subtile ego, fortalte Du, at den slags mennesker endda kan opføre sig som fjolser. Hvordan kan de bære sig ad med at opføre sig så ekstremt?"

Amma: "Børn, hvorfor ikke? Når mennesker bliver grebet af ønsket om at være berømte og blive beundret af andre, kan de nogen gange opføre sig meget fjollet. Fordi deres sind er helt besat af det, mister de dømmekraften. Når sindet mister sin klarhed, bliver man meget nemt til et redskab i andre menneskers hænder. På grund af ønsket om at blive anerkendt for sin storhed og om at andre skal beundre og prise en, mister man kraften til at udtrykke sig selv spontant og udfolde sin adfærd på en naturlig måde. Man kan begynde at tro, at det andre siger om en er sandt, og at medmindre man opfører sig på en bestemt måde, så vil man ikke blive anset for at være stor. Og så ender man med at opføre sig som et fjols. Når man er hypnotiseret af andres beundring, vil det ikke nytte noget, at man modtager et udmærket råd, for man vil ikke være i stand til at se, hvad der er rigtigt og skelne det fra det forkerte."

"Børn, kender I historien om Paundra Vasudeva, som lod som om, at han var Krishna? Paundra Vasudeva var konge i et land, der kaldes Karurusha, i den periode, hvor Krishna herskede over Dwaraka. Paundra var meget stærkt knyttet til sin rolle som konge, og han havde et stort ønske om at blive tilbedt af sine undersåtter. Både han selv og kongen af Kashi var modstandere af Sri Krishna;

de var misundelige over Krishnas berømmelse og den måde folk beundrede og tilbad Ham. I sit intense behov for berømmelse og anerkendelse forberedte Paundra bistået af kongen af Kashi til sidst en sammensværgelse mod Herren. De lavede en offentlig kundgørelse om at Krishna, som boede i Dwaraka ikke var en ægte inkarnation af Herren Vishnu. Der stod også i den, at den virkelige Krishna og den ægte inkarnation af Vishnu var Paundra."

"Da folk hørte om det, sagde de, at hvis kongen Paundra var en ægte inkarnation af Herren Vishnu skulle han vise tegn på guddommeligheden. I sine fire hænder skulle han holde konkylien, den flammende diskos, køllen og lotusblomsten. Paundra, som på det tidspunkt, var begyndt at tro, at han virkelig var Herren Vishnu, forsøgte at imødegå kravet, og han begyndte ved visse lejligheder at fæstne to ekstra arme lavet af træ til sin krop, sådan at det så ud som om, han havde fire arme. Han sørgede også for at bære kopier af de fire hellige tegn. Paundra blev så grebet af forestillingen, at han endda fik lavet en Garuda ud af træ.[12] Desværre kunne ørnen, som var gjort af træ, ikke flyve, og derfor blev den i stedet for sat fast på toppen af den kongelige vogn. Paundra beordrede sin kone til at klæde sig som Gudinden Lakshmi, og sammen kørte de rundt i byen og velsignede folk fra deres sæde oppe på garudaen, som var lavet af træ. Paundra blev til grin i hele landet. Mange mennesker troede, at han var blevet skør."

"Nogle af Paundras undersåtter, som beundrede Herren Krishna, blev vrede over kongens skamløse selvforherligelse, men de vovede ikke at sige noget direkte imod ham. I stedet for drillede de ham indirekte, hver gang de så ham komme kørende på gaderne og så ham sidde ovenpå sin mærkværdige vogn. De kom med højlydte kommentarer og sagde: "Åh, vores konge ser virkelig ud som Krishna! Han burde have en krone på med påfuglefjer, og han burde holde en fløjte i sine smukke hænder. Og tænk hvor fortryllende det

---

[12] Den guddommelige ørn Garuda er den *vahana* (befordringsmiddel), som Herren Vishnu ridder på.

ville være, hvis hans krop havde en mørkeblå farve! Han burde i virkeligheden også bede om alle de guddommelige våben, som den uægte Krishna i Dwarak bærer. Den Krishna har ikke ret til at gå rundt med de våben. De tilhører jo vores konge, den store Paundra Vasudeva, som er den virkelige ejer. "

"Uanset hvor Paundra tog hen blev han mødt med den slags bemærkninger. Selv de mennesker, som stod ham nært – den kongelige familie og hoffet – begyndte at komme med den slags kommentarer. Kongen blev så grebet af at høre det, at han malede sin krop blå og begyndte at tage det samme tøj på som Sri Krishna. Han gik rundt i en præcis kopi af Krishnas tøj og holdt en fløjte i hånden, selvom han overhovedet ikke vidste, hvordan man spillede på den. Gradvist begyndte han at tro, at han virkelig var Vishnu eller Krishna. Nogle gange var han Vishnu, og andre gange var han Krishna."

"Men dramaet var ikke omme endnu. Da han anså undersåtternes bemærkninger for at være sande, ønskede han også at få fat i Sri Krishnas guddommelige våben. Han sendte derfor en budbringer til Dwaraka, der sagde, "Kohyrde, Du er ikke andet end en forfalskning. Giv mig alle de guddommelige våben, også den flammende diskos, som tilhører mig – den virkelige Krishna, den sande inkarnation af Herren Vishnu – og hvis du ikke gør det, må du forberede dig på at dø på slagmarken. "

"Da Krishna modtog beskeden sagde Han: "Det er i orden. Men jeg vil gerne overrække mine våben personligt. Bed Paundra om at komme og modtage dem." Sri Krishna ønskede at give den fjollede konge en ordentlig lærestreg."

"Paundra ankom på det aftalte mødested sammen med hele sin hær, og han var forberedt på at kæmpe, hvis det skulle blive nødvendigt. Han var klædt ud som Herren Vishnu. Da Paundra og hans hær ankom, ventede Sri Krishna allerede på ham. Så snart Paundra så Krishna råbte han med høj stemme: "Du er falsk! Prøv ikke at narre mig! Overgiv de guddommelige våben og diskossen eller forbered

dig på at dø!" I den efterfølgende kamp tilintetgjorde Sri Krishna
hele Paundras hær. Da alt var overstået, stod Sri Krishna og holdt
den guddommelige diskos på sin pegefinger. Med et skælmsk smil
lysende i ansigtet sagde han: "Paundra, den eneste grund til, at jeg
er kommet, er for at give dig dette våben. Her kommer det! Tag det,
det er dit!" Med disse ord sendte Krishna diskossen af sted fra sin
finger. Man kan forestille sig, hvad der skete. Diskossen skar gennem
Paundras hals, og han faldt død om. Kongens naragtige tilknytning
til berømmelse og selvforherligelse blev ødelagt af Herren Krishna,
den Fuldkomne Mester, og han blev befriet fra sit selvskabte ego."

Spørgsmål: "Betyder det, at kun en Fuldkommen Mester, som er
hinsides sindet og egoet, kan frelse et menneske, som er grebet af
det subtile ego?"

Amma: "Det er rigtigt. Der er brug for et ekstremt kraftfuldt våben
som den guddommelige diskos, hvis man skal trænge gennem det
subtile ego. Men kun den fuldkomne mester har dette våben under
sin kontrol. Det er den sande videns våben, dette våben er Mesterens
alvidenhed, almægtighed og altgennemtrængende natur."

"Et menneske, som har et afsindigt behov for berømmelse, magt
og prestige, ønsker at få fat på alt hvad det kan i hele verden. Han
kan blive så afsporet, at han endda kan sige: "Jeg er den største, og
derfor har jeg ret til alt." Han mister sin skelneevne og bliver helt
overskygget af sine tanker om magt og selvforherligelse."

"Mennesker, der er forblændede på den måde, vil sandsynligvis
glemme Gud. I deres afsindige stræben efter at få andres respekt
og beundring kan de til tider udfordre Gud. Men når de gør det,
betyder det samtidigt, at de er ved at blive afslørede."

"Guddommelighed kan ikke lånes eller imiteres. Gudommelig
kærlighed og andre guddommelige kvaliteter kan ikke efterlignes."

KAPITEL 14

Denne aften var der en stor festlig begivenhed. Det var *Tiruvatira,* en særlig festdag, som fejres overalt i Kerala. I Indien anses Herren Shiva og Gudinden Parvati for at være den Universelle Fader og Moder. Ved Tiruvatira festligheden aflægger alle gifte kvinder et løfte om at faste, mens de beder for deres ægtemænds trivsel og velvære. Det er også en del af denne tradition, at de gifte kvinder skal holde sig vågne den nat og bede og prise Shiva og Parvati.

En gruppe ældre kvinder fra landsbyen og nogle af kvinderne, som opholdt sig i ashrammen, stod i en cirkel uden for templets gård. De skulle lige til at begynde festligheden med *Tiruvatirakali,* som er en gammel traditionel folkedans, som udføres af kvinderne i Kerala.

Alle der boede i ashrammen sad foran templet, Amma sad under hennatræet, og Hun var omgivet af en gruppe børn. Mange af dem kom fra nabolaget, andre var børn af hengivne. Amma var i et legende humør, og man kunne høre lyden af latter og høje samtaler komme fra Hendes retning. Alle var mere interesserede i, hvad Amma gjorde, end i at se på dansen. Men selvom deres øjne var rettede mod Hende, holdt alle sig instinktivt på afstand, fordi de ikke ønskede at nærme sig og forstyrre det skønne samvær mellem Amma og børnene.

Så begyndte de ældre kvinder de traditionelle sange og danse. De sang

Thirukathakal Padam

Oh Gudinde Durga, Oh Kali
Fjern min dårlige skæbne
Hver dag beder jeg om en vision
af Din form

Lad mig lovsynge Dine hellige handlinger
Vær god ved mig og velsign mig
kom ind i mit hjerte
når jeg synger og priser Dig

Oh essensen af Vedaerne
Jeg ved ikke, hvordan man mediterer
og mine sange har ikke den rette melodi
Vær nådig ved mig
lad mig blive opslugt af lyksalighed

Du er Gayatri
Du er berømmelse og Befrielse,
Kartyaani, Haimaviti og Kakshayani [13]
Du er Realiseringens inderste sjæl
mit eneste tilflugtsted

Oh Devi, Giv mig kraften til at tale
om de essentielle ideer
Jeg forstår, at uden Dig,
som er legemliggørelsen af Universet
ville Shiva, det kausale princip
ikke længere eksistere

Dette er "Det"

Sangen nåede op i et meget højt tempo. På det tidspunkt rejste Amma sig fra stedet, hvor Hun havde siddet sammen med børnene og gik hen til de dansende kvinder. Da Hun begyndte at danse med, så Hun ud som om Hun var meget begejstret og samtidig guddommeligt beruset. Der var et uskyldigt udtryk i Hendes ansigt, som fik Hende til at se ud som et guddommeligt barn mellem de dansende

---

[13] Navne på Devi

kvinder. Kvinderne var overlykkelige over, at Amma dansede sammen med dem.

På et særligt tidspunkt i dansen stillede kvinderne sig parvist over for hinanden og klappede hinanden i hænderne. Amma var henført i en anden verden og dansede videre på Sin egen lyksalige måde. Hendes øjne var lukkede, og Hun holdt begge hænder i guddommelige *mudras*. Efter at Hun havde danset i cirkler sammen med kvinderne i et stykke tid, bevægede Amma sig ind i midten af de dansende, hvor Hun blev ved med at danse lyksaligt, mens de hengivne sang en sang, som priste Gudinden Parvati. Efter et stykke tid holdt Amma op med at danse og stod stille. Hendes ydre form og udstråling emmede af guddommelig glød. Hun så ud på præcis samme måde, som Hun plejede at gøre under Devi Bhava. Det var tydeligt, at Hun var opslugt af Sin guddommelige tilstand. De hengivne blev ved med at danse og synge den ene sang efter den anden, indtil Amma omsider satte sig på jorden i en indadvendt tilstand.

De hengivne havde en stærk oplevelse af, at Amma befandt sig i Gudinden Parvatis tilstand. Hvem ved? Måske afslørede Hun denne tilstand for at gavne de hengivne. Intet er umuligt for en sjæl, der er et med den højeste Brahman. Et sådant menneske kan fremvise et hvilket som helst aspekt af det guddommelige, når som helst han ønsker det.

Da Amma omsider vendte tilbage til Sit normale selv, spurgte en af de hengivne Hende: "Amma, vi fornemmede meget stærkt, at Du var i Gudinden Parvatis guddommelige tilstand?" Amma pegede først på Sig selv og så opad, da Hun svarede: "Dette er Det." Efter en pause fortsatte Hun: "Uanset om det er manifesteret eller ej, er dette Det. Man skal ikke forveksle dette med kroppen. Kroppen er bare et hylster. Der er uendelighed hinsides hylsteret. "

De uudgrundelige udtryk i Ammas ansigt og Hendes ord virkede til at komme direkte fra bevidsthedens højeste plan. Hvis man gik lidt dybere, var det ikke vanskeligt at opdage, at Amma, om end indirekte fortalte, at Hun befandt sig i Gudinden Parvatis højeste tilstand. Dybden i det, Hun sagde, var så stor og gennemtrængende, at alle blev rørt i det allerinderste af deres hjerter.

Vigtigheden af feminine kvaliteter i den søgende

Der gik nogle få minutter, hvor alle sad i stilhed, indtil en besøgende hengiven ikke kunne nære sig for at stille et spørgsmål: "Amma, jeg har hørt, at der findes to slags disciple; de, som primært er intellektuelle, og de andre, som har en mere feminin natur. Jeg tror ikke, at jeg helt har forstået det. Kan du hjælpe mig med at afklare det spørgsmål?"

Amma: "Spirituel realisering kan man ikke opnå uden kærlighed, hengivenhed og en åbenhed, som gør det muligt at modtage sand viden fra en virkelig Mester. En søgende, som primært har en intellektuel natur, må derfor forsøge at skabe balance mellem intellektet og hjertet. Han må have umådelig stor kærlighed til sin Mester og samtidig have passende viden om sin Mesters altgennemtrængende natur."

"Hvis man er for intellektuel, kan det skabe en ubalance, og man vil blive for egoistisk. Intellektet ræsonnerer. Det kan kun dissekere ting og skære dem i stykker. Det kan ikke forene. Det vil ikke hjælpe med at udvikle tro og kærlighed, som er to essentielle faktorer for den spirituelt søgendes indre vækst. For meget intellekt er ikke godt for den søgende, fordi han vil mangle kærlighed og hengivenhed over for sin Mester. Uden kærlighed og en indstilling præget af selvovergivelse og ydmyghed kan Mesteren ikke overføre sand viden til en."

"Det er vanskeligt at disciplinere en søgende, som primært er intellektuel, medmindre en almægtig Mester tager hånd om ham. Kun en fuldkommen Mester kan bryde hans ego op og bringe den virkelige essens frem, som er hans sande natur. Udadtil kan han måske beholde sine intellektuelle kvaliteter, men indeni vil han være dybt hengiven; der vil komme en perfekt balance mellem de to kvaliteter."

"Når Mesteren har arbejdet på hans ego, vil egoet blive nyttigt for verden. Hans kendetegn vil blive raffinerede og godt udformede, og ved Mesterens Nåde vil hans ego blive kontrolleret."

"Når egoet med Mesterens nåde er fuldstændig under kontrol, gør disciplen alt i Mesterens navn. Mesteren gør alt igennem ham, og han har ikke selv noget at gøre med det, han gør. Hans indstilling vil være, "Jeg er kun et instrument. Min almægtige Mester gør alt gennem mig." Han tillægger Mesteren alt og vil ikke selv tage æren for noget. Men samtidig vil han have et sind, der søger eventyr, et kolossalt mod og kraften til at påtage sig tilsyneladende umulige opgaver og få dem til at lykkes.

"Men mejslingen, formgivningen og genopbygningen af disciplens ego kan kun varetages af en *Satguru*. Hvis en sådan søgende er på egen hånd, eller hvis han bliver trænet af en guru, som ikke er fuldkommen, vil det kun på den ene eller anden måde bidrage til at skabe større ubalance i ham. Det kan gøre en masse skade på andre og på samfundet som helhed. Han vil snart søge selv at blive guru, og man vil kunne se ham forsøge at skabe sin egen gruppe disciple og bygge sin egen ashram."

"I Hanuman, Herren Ramas store hengivne, finder man en smuk blanding af både maskuline og feminine kvaliteter. Han gjorde alt i Ramas navn, hans elskede Herre, og han tog ikke æren for noget. Selv om det lykkedes for Hanuman at løse meget vanskelige opgaver, var han aldrig stolt af nogen af sine bedrifter. Han forblev tværtimod sin Mester, Herren Ramas ydmyge og lydige tjener. "Ikke ved min kraft og styrke, men ved Herren Ramas nåde" var altid hans indstilling."

"Disciple med feminine kvaliteter er helt forskellige. De ønsker ikke at gå ud og prædike, og de ønsker heller ikke nogen opmærksomhed eller respekt. De tænker ikke en gang på at opnå Selvrealisering. Deres eneste ønske er at være i Mesters fysiske nærvær og tjene ham. Det er deres *tapas*. De kender ikke til nogen højere spiritualitet end det. For dem findes der ingen højere Sandhed end deres Mester. "Min Mester, min Verden, mit Et og alt" er deres indstilling. En sådan discipels hjerte er fyldt af kærlighed og tilknytning til Mesteren. Det forhold kan ikke forklares logisk eller med fornuften. Det kan kun sammenlignes med *gopiernes* kærlighed til Krishna: Kærlighed, kærlighed, kærlighed og kærlighed. Overstrømmende kærlighed. Intet andet betyder noget for dem." Amma fortalte en historie om en af Buddhas disciple."

"En dag var en bestemt discipel pludselig forsvundet. Ingen kunne finde ham nogen steder. Der gik syv dage, men der var stadig ingen, som vidste, hvor han var blevet af. Så fandt Buddha ham en dag liggende på ashrammens tag. Buddha vidste godt, at han var deroppe, og at han havde opnået oplysning. Buddha holdt ham i hånden og sagde: "Jeg ved, at du har opnået *nirvana*-tilstanden."

Disciplen sagde: "Min elskede Mester, jeg ved godt, at det er sket, og jeg behøver ingen bekræftelse fra Dig. Jeg er faktisk bange for, at du vil bekræfte det, for så vil den næste ting, Du siger til mig være: "Nu hvor du har opnået *nirvana*, må du gå ud og prædike og sprede budskabet om Sandhed i verden." Min Herre, jeg er bange for det, for jeg vil meget hellere blive i Dit nærvær og forblive i en tilstand af uvidenhed end at forlade Dig og gå fuldt realiseret ud i verden."

"Sådan en indstilling har den søgende, som er udrustet med feminine kvaliteter. Han vil altid nære en dyb kærlighed til sin Mester. Den feminine discipels hjerte er så fyldt af kærlighed til Mesteren, at han altid vil ønske at være i Mesterens fysiske nærvær. Det er fuldbyrdelsen af hans liv. Det er hans højeste realisering."

En sand Mester er universet og det hinsides

Spørgsmål: "Amma, jeg har hørt dig sige, at det er det samme at bøje sig i dyb ydmyghed for Mesteren som at bøje sig for hele eksistensen. Kan Du fortælle os, hvad Du mener, at det betyder?"

Amma: "Børn, først når I er helt uden ego, kan I bøje jer for hele skabelsen. Når der ikke er noget ego, kan man komme ud over sindets begrænsninger og blive det altgennemtrængende Selv. Når man først ser alt som sit eget Selv, kan man kun bøje sig for Det og acceptere. Når man er hinsides egoet, betyder det, at man ikke er noget. Men ligesom rummet bliver man alt, man bliver hele skabelsen."

"En gang da Krishna var barn, legede Han med nogle af Sine venner. De legede alle mulige ting, de fandt på, ligesom små børn plejer at gøre, og de havde det rigtig sjovt. Krishna skulle til at spise sammen med en af Sine venner. Et af børnene serverede et måltid af sand til alle, som de forestillede sig var ris. Meningen var, at de bare skulle lege, at det var ris, men Krishna spiste sandet. Krishnas ældre bror Balaram og andre løb med det samme hen og fortalte Yashoda, som var Herrens stedmoder, om hvad der var sket. Yashoda fik fat i Krishna og bad ham om at åbne munden. Og hvad skete der? Hun så hele universet inde i Hans mund. Hun så solen, månen og stjernerne, Mælkevejen og alle galakserne. Hun så bjerge, dale, skove, træer og dyr. Yashoda så hele universet inde i Krishna."

"Ved Kurukshetra slaget skete der noget tilsvarende. Mens Krishna gav Arjuna den store prædiken, Bhagavad Ghita, afslørede Herren Sin universelle form til Arjuna, da han ytrede et ønske om at se den. Da så Arjuna også hele universet i Herrens form. Han så endda Pandavaernes og Kauravaernes kræfter i Herrens krop."

"Hvad betyder det? Det betyder, at den sande Mester indeholder hele universet. Krishna var en sand Mester, og en sand Mester er Gud. Hans bevidsthed er ét med den Universelle Bevidsthed. Den

Bevidsthed er præcis den samme Bevidsthed, som skinner igennem hele skabelsen. En sådan stor Mester har et uendeligt antal kroppe og et uendeligt antal øjne. Han ser, hører, lugter, spiser og trækker vejret gennem hver af disse kroppe. Han er selveste uendeligheden. At overgive sig til en sådan Mester med fuldstændig ydmyghed er det samme som at overgive sig til hele eksistensen og bøje sig for hele skabelsen."

"I den tilstand er der ikke noget, som er forskelligt eller adskilt fra en selv. At bøje sig for hele eksistensen er også en tilstand af total accept. Man holder op med at kæmpe mod de situationer, der opstår i livet. Man strider og kæmper kun, når man har et ego og identificerer sig med kroppen. Når man ryster egoets skal af sig, er det ikke længere muligt at kæmpe. Man kan kun acceptere."

"Mens et egoistisk menneske anser alle undtagen ham selv for at være uvidende fjolser, vil en sand *Mahatma* se alle andre som en udvidelse af hans eget Selv. I den Selvrealiserede tilstand kan man ikke afvise noget – man kan kun acceptere tingene. Rummet accepterer alting, uanset om det er godt eller dårligt. En flod accepterer alt, og oceanet accepterer alt. Man kan rumme alt og enhver, når man er blevet lige så vidtstrakt og rummelig som universet. Når ens sind og ego forsvinder, bliver man uendeligheden."

"Rummet og Naturen accepterer den forurenede luft fra fabrikker så vel som den søde duft af blomster. De omfavner alt. På samme måde byder en sand *Mahatma* alting velkommen, både det negative og det positive. Han accepterer alle, og ud fra sin ubetingede kærlighed og uendelige medfølelse giver Han kun nåde og velsignelser tilbage til den, der kommer."

"Børn, har I hørt denne historie? En ugift landsbypige fødte en gang et barn. Først nægtede hun at fortælle nogen, hvem faderen var, men efter at hun var blevet spurgt adskillige gange, nævnte hun omsider en højt respekteret spirituel Mester, som boede i udkanten af landsbyen. Pigens forældre og alle beboerne i landsbyen stormede ind i Mesterens hus. De fornærmede ham, de slog ham og anklagede ham for at være en hykler. De gav babyen til ham og beordrede at han skulle tage sig af barnet. Mesteren tog babyen i sine arme, så kærligt på den lille og sagde: "Meget godt, lad det være sådan." Fra da af tog *Mahatmaen* vare på babyen med stor omsorg. Han gav den lille lige så meget kærlighed og ømhed, som en mor giver sit eget barn. Mesteren havde fået ødelagt sit gode ry, og han havde mistet sin anseelse. Alle, der boede i landsbyen, og hans egne disciple undgik ham. Pigen, som havde født barnet, blev plaget af dårlig samvittighed, og tilstod omsider, at barnets far var den unge mand, der var familiens nabo, og ikke den uskyldige helgen. Hendes forældre, landsbyens indbyggere og disciplene blev grebet af samvittighedsnag. De ønskede alle at se *Mahatmaen* og lagde sig ved hans fødder og bad ham om at tilgive dem. Og de bad ham også om at give barnet tilbage. Den uforstyrrede *Mahatma* smilede, da han overrakte dem barnet. "Meget godt, lad det være sådan.""

"Sådan er den sande *Mahatmas* indstilling. Han bøjer sig for hele eksistensen. Det er ikke hans natur at afvise noget. Han siger ikke nej til livet eller nogen af livets erfaringer. Han siger ganske enkelt ja til alt hvad livet giver ham. Han forbander ikke og tager ikke hævn; han tilgiver og velsigner."

"Med undtagelse af menneskelige væsener står hele skabelsen som et eksempel på taknemmelighed over for Skaberen og de uendelige velsignelser, Han skænker dem. Selv fugle og dyr lever et liv i taknemmelighed. Intet afviger fra sin egen natur, uanset om det gælder planteriget eller dyreriget. Alt følger naturens love. Men det såkaldt intelligente menneske bryder lovene og forstyrrer naturens harmoni. Mennesket forstyrrer andre levende væsener og andre af skabelsens aspekter."

"Gud har velsignet mennesket med en overflødighed af gaver, men mennesket vender alt til en forbandelse. Dette liv er en vidunderlig velsignelse. Vores sind og hver af kroppens lemmer, vores sundhed og vores rigdom – det er alt sammen velsignelser, som Gud har skænket os. Men hvad gør vi med de velsignelser? Vi gør forkerte ting med hænderne, vi går forbudte steder hen med benene, og vi bruger øjnene til at fokusere på det grimme. Evnen til at tænke bruger vi til at lægge uretfærdige planer og tænke dårligt om andre. Intellektet bruger vi til at opfinde ødelæggende ting. Hvis vi opnår rigdom, bruger vi den på selviske formål. Vi har gjort livet til en forbandelse for os selv og for andre."

"En gang kom alle skabninger hen til skaberen, Herren Brahman. De havde alle et intenst ønske om at flygte fra livets sorger og lidelse. Først trådte grisen frem. Mens tårerne trillede ned af kinderne på den bad den til Herren: "Oh Herre over hele skabelsen, er der nogen måde man kan komme væk fra al denne lidelse? Er der noget håb for min art?" Skaberen nikkede opmuntrende og sagde: "Ja mit barn. Selvfølgelig."Bagefter kom oksen, hunden og elefanten. De græd alle sammen og stillede det samme spørgsmål. Skaberen sagde til dem alle: "Der er håb for jer alle". Så trådte mennesket frem og havde det samme ønske. Herren Brahman så på mennesket, og pludselig brast Selve Skaberen i gråd." En højlydt latter brød ud blandt tilhørerne. Da der var blevet stille, sagde Amma: "I dag er det Tiruvatira. Det er meningen, at vi skal synge sange, som priser Shiva og Parvati. Så lad os nu synge og danse." Amma begyndte spontant at synge, og Hun befandt sig i en ophøjet tilstand, som udstrålede den højeste hengivenhed. Sangen *Indukaladhara* lovpriser Herren Shiva og Gudinden Parvati. Moder sang omkvædet igen og igen i et meget højt tempo."

Indukaladhara

Shambho Shankara Shambho Shankara
Shambho Shankara Shiva Shambho

Oh Herre Shiva
som bærer halvmånen på Sit hoved
som i Sine filtrede hårlokker bærer den Hellige Ganges
hvis krop er prydet med slanger
og hvis duft er Gudommelig
Jeg lægger mig ærbødigt
ved den Højeste Herres
Hellige Fødder

Oh Herre
som er den oprindelige årsag
som viser den største medfølelse over for Sine hengivne
Den store Gud
som skænker lykkebringende goder
som holder treforken
og hvis Fødder også tilbedes
af de himmelske væsener
Oh Ødelægger af alle lidelser
Shambho Shankara...

Oh Universets Herre
Jeg søger tilflugt ved Dine Fødder
Oh Herre, Parvatis elskede
Oh Medfølende Ene
Fjern mine endeløse sorger
og giv mig et tilflugtsted
ved Dine Fødder

Alle virkede til at være i ekstase. På et vist tidspunkt rejste Amma sig og begyndte at danse, og alle andre rejste sig også. De hengivne klappede i hænderne og sang højlydt, mens de stod i en cirkel omkring Amma. Mens de sang ordene, *Shambho Shankara Shambo*

Shankara.... bevægede de sig langsomt og rytmisk rundt om Amma. Amma blev i midten af cirklen og dansede i den højeste lyksalighed. At leve sammen med en stor Mester er en ubeskrivelig livserfaring. Det er som en uophørlig festival, og hvert øjeblik er en festlig begivenhed, som fejres. Sanskrit betegnelsen for en højtid eller festival er *utsavam*. Det oprindelige ord er *utsravam*, som betyder at rejse sig og strømme, eller at overstrømme. Alle højtider og festivaler er symboler på den overstrømmende rene lyksalighed og bevidsthed; især de højtider, som fejres i templerne symboliserer den overstrømmende spirituelle energi og lyksalighed. Den spirituelle energi, der skabes i templet gennem bøn, meditation, tilbedelse og chanting, fylder templets omgivelser. Den stiger op over templets fire vægge og flyder ud i hele landsbyen eller byen, hvor templet befinder sig. Den renser hele det omgivende miljø. Det er ideen bag alle de højtider og festivaler, der hvert år fejres i templerne.

I nærheden af Amma sker det uafbrudt, fordi Hendes nærvær er en uophørlig strøm af guddommelig energi, som strømmer fra Hendes væsen ind i de hengivnes hjerter. De oplever den guddommelige energi, når de indtager den. Det sker nu, og det sker hele tiden.

Dansen og sangen fortsatte, indtil Amma pludselig brød ud af cirkelen og gik ned mod den sydlige del af ashrammen ved kanten af de omgivende vandområder. Det var som om en kontakt til elektrisk lys var blevet slukket, og kvinderne holdt straks op med at danse. Alle vendte sig om for at se, hvad Amma foretog sig, men der var ikke nogen, som fulgte efter Hende, fordi Hun virkede til at ønske at være alene. En af de ældste brahmacharier bad alle om at meditere. Efter et par minutter forsvandt de alle sammen, og de tilbragte hele natten med at meditere og bede.

Kapitel 15

Er tilknytning til Satguruens form vigtig?

Amma besvarede et spørgsmål, som blev stillet af en af de hengivne, der kom fra vesten.

Spørgsmål: "Amma, der er nogen mennesker, som er meget knyttede til Din eksterne form. De har så stor kærlighed til Dig, at de har et intenst behov for at være fysisk i nærheden af Dig. Men der er andre, som ikke har den slags tilknytning, selvom de også virkelig længes efter at realisere Gud. De elsker Dig, men de mener, at det vil skabe smerte at være knyttet til Din form, og af den grund holder de sig væk. Amma, jeg grunder over, om det er fuldstændig nødvendigt at være knyttet til Mesterens fysiske form, eller om det er tilstrækkeligt at have en længsel efter at realisere Gud uden at være knyttet til en ydre form?"

Amma: "Det vigtigste træk, som en sand *sadhak* skal have, er en indstilling, som er kendetegnet ved accept og fuldkommen overgivelse af selvet. I spiritualitetens indledende faser er det hårdt at overgive sig og acceptere alt, især hvis der ikke er nogen, som kan guide en, nogen som man kan tage ved lære af som et eksempel. Man skal i det mindste have viljen til at overgive sig. Men der opstår altid forvirring omkring hvem og hvad, man skal overgive sig til. Hvordan gøres det? Indtil man har opnået Selvrealisering, kan man kun have vage og uklare forestillinger om spiritualitetens forskellige sider. Ens ustabile og mistænksomme sind vil altid tvivle. Hvis der ikke er nogen, som kan guide en, vil man blive forvirret og hurtigt blive vildledt, og man ved ikke, hvem man skal vende sig mod. Så i begyndelsen opstår behovet for en sand Mester; nogen som man kan relatere sig til og lære sand overgivelse og accept af. Overgivelse og accept er ikke bare noget, man helt enkelt kan få

undervisning i. Man kan ikke lære det ved at studere bøger eller fra en skole eller et universitet. Det udvikler sig indefra gennem den vældig store inspiration, man modtager gennem Mesterens fysiske nærvær, fordi Mesteren legemliggør alle de guddommelige kvaliteter. I Mesteren kan man observere den sande overgivelse og accept, og på den måde får man et virkeligt eksempel, man kan relatere til, og noget håndgribeligt, man kan forpligte sig overfor. Mesterens umådeligt inspirerende og transformerende nærvær skaber indeni en dyb kærlighed til Mesteren, og der opstår et stærkt bånd mellem jer. Overgivelse og accept plejer at fødes, når der opstår ren kærlighed indeni."

Ligesom en omsorgsfuld mor

"I de begyndende stadier af den spirituelle kærlighed er der denne indstilling: "Jeg er din hengivne, din discipel, tjener eller den, der elsker dig, og Du er min Herre, Mester eller Elskede Ene". I denne indledende periode er man blevet grebet af kærligheden til Mesteren og kan derfor ikke gå hinsides formen. Man er så knyttet til Mesterens eksterne form, at man ikke ønsker at komme hinsides. Da det er første stadie, er man langsomt ved at lære overgivelse og accept, men det er endnu ikke helt sket. Spirituelt set er man kun en nyfødt baby, for man ved ingenting om spiritualitetens verden. Ligesom en baby kun drikker modermælk og finder tryghed i sin mors varme favn, vil den spirituelle baby inden i en kun have en forståelse, der rækker til formen og Mesterens fysiske nærhed. Mesterens ydre form virker til at være hele spiritualitetens verden, og man bliver overordentligt knyttet til den. Man har brug for Mesterens fysiske nærvær og varme, og man har hele tiden behov for den."

"Ligesom gråd er den eneste måde et barn kan bruge til at udtrykke sine ønsker – om det er sult, tørst eller smerte – har man i spiritualitetens begyndende stadier kun en måde at udtrykke det man har på hjerte, og det er ved at græde længslens intense tårer. Mesteren vil binde en til Sig med Sin kærlighed, og han vil blive det absolutte center i ens liv. Med den oplevelse af guddommelig, ubetinget kærlighed kan man ikke sige noget. Man vil blot i stilhed græde kærlighedens og længslens tårer."

"Som en spirituel baby fødes man i en fuldkommen fremmed og ukendt verden. En baby har brug for varmen og for sin mors mælk. Hun kender barnets hjerte og vil gøre alt for ham. Hendes bryster fyldes spontant med mælk til babyen, så snart han er sulten. En mor ved intuitivt, om babyen oplever smerte eller ubehag. Hvis barnet har urin eller afføring i bleen, vil barnets mor vaske barnet og skifte dets tøj. Babyen falder i søvn, mens den lytter til sin mors stemme, der synger en smuk vuggevise. Således kan babyen ikke leve uden sin mor. En mor eller et moderligt menneske er fuldstændig nødvendigt for at sikre barnets sunde vækst. En virkelig mor nærer ikke kun barnets krop, men også dets sind. Barnets verden er centreret omkring dets mor. Han er fuldstændig afhængig af hende. For ham er hans mor den smukkeste skabning i hele verden. Fordi han er så knyttet til hende, spinder han alle sine drømme og fantasier med hende som midte og udgangspunkt."

"På samme måde er den spirituelle Mester alt for en *sadhak* i begyndelsen af det spirituelle liv. Det kan aldrig være en overdrivelse at konstatere, at Mesteren er alt for en sand discipel, endnu mere end Gud."

"Som en mor er hele verden for sin baby, er en sand Mester alt for disciplen, som er en begynder og en baby på den spirituelle vej. Og en Mesters omsorg for sin spirituelle baby er endnu større end en mors omsorg for sit nyfødte barn."

"I spiritualitetens indledende faser indtager disciplen en rolle som barn over for Mesteren. "Min Mester er mit Et og Alt". For disciplen rummer disse ord spiritualitens essens i en nøddeskal. Alle hans forestillinger og drømme om spiritualitet bliver spundet omkring Mesteren. Disciplen er yderst knyttet til sin Mester, og ønsker hele tiden hans kærlighed og hengivenhed, hans opmærksomhed og varme. Disciplen ønsker hele tiden at være i Mesterens fysiske nærvær. Han kan slet ikke drømme om en verden eller et liv uden sin Mester. Det er en meget spontan og naturlig følelse, som opstår i den hengivne eller disciplen."

"Men babyen forbliver aldrig en baby, den vokser, mens den modtager sin mors kærlige omsorg. På samme måde vil den spirituelle baby vokse, når den guides af Mesteren, men væksten er en indre proces. Når det spirituelle barn vokser, vil Mesterens moderrolle gradvist vige pladsen for Mesterens disciplinerende faderrolle. Disciplineringens formål er at lære disciplen at bryde fri af tilknytninger og være uanfægtet. Disciplen skal lære selvovergivelse og accept, ikke kun i forholdet til Mesterens ydre form, men i forholdet til hele skabelsen. Mesteren er ikke kun kroppen – han er kraften, som skinner indeni og gennem alt, og derfor underviser han disciplen i, hvordan man ydmygt bøjer sig for hele skabelsen. Hensigten med denne træning er at hjælpe disciplen til at blive mindre snæversynet og løfte sig op på et højere niveau, hvor Mesteren gør ham i stand til at erfare ting på en mere rummelig måde. Så vil han indse, at alt i hele eksistensen er hans egen Mester. Gennem Mesterens træning vil disciplen indse, at Mesteren ikke kun er den fysiske, menneskelige form, men den ene Bevidsthed, som gennemtrænger hele skabelsen. Når disciplen vokser indeni og bliver mere moden, vil Mesteren lade ham blive mere og mere uafhængig, det vil sige, at han er afhængig af sit eget Selv."

"I kærlighedens sidste stadie, bliver elskeren og den Elskede et. Hinsides dette findes en tilstand, hvor der ikke er nogen kærlighed, elsker eller Elsket. Den tilstand er hinsides, hvad man kan udtrykke med ord. Det er der, Mesteren i sidste instans vil føre en hen."

"En sand Mesters veje er langt hinsides alle ord. Modsat en mor i verden, vil en sand Mester aldrig binde disciplen til sig. Han vil omvendt føre disciplen hinsides alle kroppens begrænsninger og enhver tilknytning, og Han vil gøre disciplen fuldkommen uafhængig og fri. Tilknytningen til Mesterens krop vil hen ad vejen føre en i retning af fuldkommen uanfægtethed og frihed. Selvom disciplen vil føle en stærk tilknytning til Mesterens ydre form i de tidlige stadier af sin udvikling, kan det ikke kaldes binding. To mennesker, som har hjemme på det fysiske plan, kan binde hinanden, men en sand Mester kan ikke binde nogen, for Mesteren er ikke kroppen. Han er ikke personlig i den forstand vi tænker på personlige venner eller andre mennesker. Mesteren er både upersonlig og personlig. Bindingen eksisterer kun, hvis man er knyttet til den anden persons krop. Når man elsker Mesterens ydre form, elsker man ikke et begrænset individ, man elsker Ren Bevidsthed, og det vil Mesteren langsomt afsløre for en. Når den indre opmærksomhed vokser indebærer det en fordybelse af ens opmærksomhed på Mesterens sande natur, og man vil gradvist erfare Mesterens altgennemtrængende natur. Man vil finde ud af, at Mesteren ikke er begrænset til kroppen, men at han er *Atma Shakti*, som er iboende i alt. Mesteren vil selv føre en gennem denne erfaring. Hans Nåde vil i sidste ende hjælpe en til at bevæge sig hinsides enhver binding. Det er grunden til, at Amma siger, at tilknytningen til Mesterens ydre form aldrig kan binde en."

En sand Mester ødelægger al smerte

Spørgsmål: "Siger Amma, at tilknytningen til Mesterens ydre form er nødvendig? Men hvad med al den smerte, som nogle mennesker taler om – den smerte, som er forbundet med ens tilknytning til Mesteren?"

Amma: "Amma forstår ikke de mærkelige forestillinger, som nogle mennesker har. Du siger, at fordi der er noget smerte forbundet med at være knyttet til Mesterens form, ønsker man ikke at være knyttet til den. Børn, kan I udpege nogen for Amma her i denne verden, som ikke mærker smerte? Folk oplever hele tiden smerte, enten fysisk eller psykisk. Man kan spørge hvem som helst her i verden, og alle og enhver kan fortælle at: "Min krop lider" eller "Mine følelser er sårede" eller "Den og den behandlede mig med manglende respekt, og jeg føler mig såret". Kan I fortælle Amma, hvem der ikke oplever nogen smerte! Mennesker gennemgår enten indre eller ydre smerte. Hvad ved I om smerte? Smerte indebærer ikke kun den fysiske lidelse. De indre sår er langt mere smertefulde. Det er ikke logisk at sige, at tilknytningen til Mesterens ydre form vil skabe smerte. Man bærer indeni på dybere sår, som er forårsaget af fortiden. Alle de sår og den smerte, som kommer fra dem, er resultatet af ens egen overdrevne tilknytning til verdens goder. Man bekymrer sig ikke om de betændte sår og den smerte, de forårsager. Alle de sår forbliver uhelbredte. Ingen kan helbrede dem, fordi man har sår og tilbøjeligheder med sig, som stammer fra tidligere liv. De er ikke bare fra denne livstid. Ingen læge eller psykoterapeut kan helbrede de sår. De kan ikke trænge dybt nok ind i ens sind og fjerne sårene. Ens sår og tilbøjeligheder findes dybt indeni; de er meget gamle, og de er gradvist begyndt at gnave en op indefra."

"Mennesker opsøger eksperter for at dulme den indre smerte, men alle verdens eksperter, lægerne, videnskabsmændene, psykologerne osv. er mennesker, som befinder sig i deres eget sind inden for rammerne af den lille verden, som er skabt af deres egoer. Så længe de ikke selv har trængt ind i deres eget sind, hvordan kan de så trænge ind i andres? Så længe de selv er grebet af deres sind og ego, hvordan kan de så hjælpe andre med at komme hinsides sindet og egoet? De har dybe sår og stærke tilbøjeligheder ligesom man selv har. Sådanne eksperter kan ikke hjælpe en med at helbrede ens sår og fjerne smerten. Kun en sand Mester, som er fuldstændig frigjort fra den slags begrænsninger og hinsides sindet, kan trænge dybt nok ind i ens sind og behandle alle de sår, der ikke er blevet helbredt, og fjerne alle de stærke tilbøjeligheder og gamle vaner."

"Det er meget mærkeligt at høre dig sige, at der findes menne-
sker som ikke ønsker at være knyttet til Mesterens form, fordi det
indebærer en smerte. Man oplever allerede en umådeligt stor smerte.
Man er i virkeligheden selve inkarnationen af en fortvivlende dyb
smerte. Tilknytningen til Mesterens form kan ikke skabe nogen som
helst form for smerte, for Han er ikke en ting, ej heller en krop eller
et ego. Han er hinsides. Han kan ikke såres af nogen eller påtvinge
nogen noget. Han er som rummet, som den vidtstrakte himmel,
og rummet kan ikke gøre en ondt. Så man skal ikke projicere sine
forudfattede holdninger over på Mesteren og søge at dømme ham.
Sindet tager uvægerligt fejl; det er ude af stand til at udvise sund
dømmekraft. Alle ens forestillinger og vurderinger hører til sindet
og har ikke noget at gøre med den fuldkomne Mester, som er hin-
sides sindet. Det ene sind kan måske vurdere det andet sind, men
sindet kan ikke dømme det, som er hinsides sig selv. Et sind eller
ego kan såre et andet sind eller ego, men nogen, som er hinsides
sindet, kan ikke såre nogen, fordi en sådan sjæl har ikke noget ego
eller nogen vurdering, som den retter mod nogen. Smerten findes
indeni en selv, den kommer ikke fra Mesteren."

"Man kommer til at se på al sin smerte, når man fysisk befinder
sig i nærheden af en stor Mester, en *Satguru*. Det har været skjult
indeni en, og så manifesterer det sig, fordi en sand Mester er som
solen, den spirituelle sol. Der findes ingen nat i nærheden af Ham.
Der er kun konstant dagslys. Når Mesterens sol skinner, trænger
den dybt ind i ens sind, og i dens skær ser man alt indeni sig selv.
Man ser det skjulte helvede, der findes indeni en, og efter at man
har set det, ved man, at det findes. Det har hele tiden været der,
men man har aldrig vidst det. Hvordan kan man fjerne sin skjulte
smerte, hvis man ikke er klar over, at den eksisterer? Det er vigtigt
at vide, at smerten kommer inde fra en selv, og ikke eller andet sted
udefra. Tidligere har man troet, at smerten kom fra ydre faktorer, fra
brudte forhold, fra uopfyldte ønsker, fra nogens død eller fra andres

vrede, fornærmelser eller mishandling. Men den virkelige kilde til smerte findes indeni en selv. Og set i lyset af Mesterens uendelige spirituelle stråleglans står alt klart. Man erkender den smerte, som findes indeni en selv."

"Men husk, at Mesteren ikke bare vil efterlade en der helt alene. Med sin uendelige spirituelle energi vil Han hjælpe en. Han vil helbrede ens sår."

"Så smerten skyldes ikke ens tilknytning til Mesterens ydre form, det er ens sind og negative tilbøjeligheder, som skaber smerten. Når man begynder at forstå ens smertes beskaffenhed, er man nødt til at samarbejde med Mesteren. Han er den guddommelige læge, hvis energi og evner er uudtømmelige."

"Man skal huske, at man er en patient, som har behov for et større indgreb. Men man skal ikke være bekymret, for man kan stole fuldt og fast på denne læge. Man skal have udelt tiltro til ham. Man er på operationsbordet. Man skal lade ham arbejde på en; man skal samarbejde med ham og ikke kæmpe imod ham; man skal forholde sig stille og ikke fjerne sig. Selvfølgelig giver han en noget smertestillende medicin. Det er den ubetingede kærlighed og medfølelse, som Han udtrykker med hele sit væsen, og med denne smertestillende medicin bliver man klar til at gennemgå operationen."

"Når Mesteren først begynder at operere, vil han ikke lade en slippe, fordi ingen læge vil lade sin patient løbe væk, når han kun er nået halvvejs gennem operationen. På den ene eller den anden måde vil Mesteren sørge for, at man bliver på operationsbordet, fordi det ville være farligt, hvis man løb sin vej midt i det hele. Men den operation, som Satguruen udfører, er ikke særlig smertefuld, hvis man sammenligner den med de frygtelige betingelser, som ens sygdom indebærer, og den høje lyksalighed og de andre goder, som man vil opnå. Mesterens overstrømmende kærlighed og medfølelse vil i vid udstrækning mindske smerten. Den sande Mester er et med Gud, og derfor vil man sole sig i Guds kærlighed og medfølelse."

"Mesteren er ikke en, der giver smerte, men en, der fjerner smerte. Det er ikke hans intention kun at give en midlertidig lettelse, men derimod at sikre en permanent løsning – for altid. Men af en eller anden grund ønsker folk at beholde deres smerte: Selvom den højeste lyksalighed er vores natur, virker det som om, at mennesker i den nuværende mentale tilstand nyder deres smerte. Den er blevet en naturlig del af dem."

"En palmebladslæser aflæste en hånd og kom med en forudsigelse: "Indtil du fylder halvtreds år vil du opleve en masse sorger og lidelse i dit liv. Du vil konstant opleve psykisk smerte og fortvivlelse." "Og efter de halvtreds år?" – spurgte kunden. Palmebladslæseren svarede køligt: "Når du er over halvtreds år, vil det være blevet hele dit væsen.""

Alle begyndte at grine, og selv Amma grinede med. Hun fortsatte: "Det virker som om, at den menneskelige natur er blevet sådan. Mennesker oplever smerte, og de har næsten identificeret sig med den. Det sker i så høj en grad, at de slet ikke er bevidste om det, og heller ikke ønsker at komme ud af det."

Den brahmachari, som havde stillet spørgsmålet sagde: "Amma, jeg har stadig et spørgsmål tilbage." Han så hen på Amma for at se, hvordan Hun reagerede, for nogle gange forholder Amma sig stille uden at svare på nogen spørgsmål. Ammas opførsel er altid forvirrende og uforudsigelig. Ingen ved, hvornår Hun vælger at tale, og hvornår Hun ikke gør. Selv når Hun er midt i en samtale, hvor en brainstorming finder sted, kan Hun pludselig bevæge sig ind i Sin egen uendelige bevidsthed. Hendes endeløse tilstande går hinsides den menneskelige forståelse. Det kan ske hvor som helst og når som helst.

Selve den højeste gudinde

Der var en gang nogle hengivne, som ønskede at tage Amma med hen til et berømt Devi tempel i Tamil Nadu. Denne begivenhed fandt sted i midten af 1977. I løbet af denne periode skete det ofte, at Amma pludselig ikke ænsede de ydre omstændigheder. På den slags tidspunkter havde Hun ikke den mindste opmærksomhed på Sin krop.

Den familie, som ønskede, at tage Amma med hen på besøg i templet var meget hengivne. Den gang var der ikke så mange mennesker, der vrimlede rundt om Amma, som der er i dag. De Hengivne kom kun, når der var Bhava *darshan*, og den følgende morgen, når den var forbi, plejede de ofte at invitere Amma til deres hjem. Nogle gange tog Amma af sted og tilbragte en dag eller to sammen med dem. De hengivne håbede, at hvis Hun kom hjem til dem, så kunne de sørge for Hende en dags tid eller to, så Hun kunne hvile sig. Den gang ville Amma hverken spise eller drikke, medmindre der var nogen, som mindede Hende om det, og om nødvendigt virkelig pressede Hende og insisterede på, at Hun skulle hvile sig og spise noget, i det mindste nu og da. Hun bekymrede sig aldrig om sine fysiske behov. Amma befandt sig det meste af tiden i nogle meget fordybede tilstande.

Hun manifesterede Krishna og Devi Bhavaer tre nætter om ugen (tirsdage, torsdage og søndage). På alle disse tre dage tilbragte Amma tolv eller tretten timer med at modtage folk. På Bhava *darshan* dagene, startede aftenens *bhajans* klokken halv tre eller fire om eftermiddagen, og de varede indtil klokken seks om eftermiddagen. I den første halvdel af natten var der Krishna Bhava, som plejede at begynde klokken halv syv om aftenen, og i den sidste halvdel var der Devi Bhava. Hvis der var totusind mennesker, så kom alle totusind mennesker to gange op til Hende – først til Krishna og så til Devi. Nogle gange sluttede Devi Bhava klokken syv eller otte om morgenen.

På den tid var der kun få familier, som stod Amma meget nært; dvs. at kun få familier var så heldige at forstå, at Amma befandt sig i den spirituelle realiserings højeste tilstand. Denne familie, som inviterede Amma hen til det berømte Devi tempel var en af disse familier. I begyndelsen viste Amma ingen interesse for at tage med, men som altid gav Hun efter for deres uskyldige bønner.

Om templer sagde Amma en gang: "De ydre templer er for dem, som ikke har erkendt Guds konstante nærvær i deres hjerter. Når den erkendelse finder sted, vil Guds nærvær gennemtrænge alt, både indeni og udenfor. For et sådant menneske vil ethvert sted, hver eneste tomme af universet, blive et tempel."

Det følgende er en historie, som Amma fortæller for at illustrere denne pointe. "Namdev var en højt udviklet hengiven af Herren Krishna. Han blev instrueret af Selve Herren om at gå hen og overgive sig til en bestemt oplyst sjæl (Vishnobukechara), som opholdt sig i et Shiva tempel i udkanten af byen. Da den hengivne nåede frem til templet, så han en gammel mand ligge på den inderste helligdom med fødderne hvilkende på *Shiva Lingam*. Han blev vred over at se en sådan helligbrøde og klappede højlydt i hænderne for at vække den gamle mand. Den gamle mand hørte lyden og åbnede sine øjne "Oh ja, Du er Namdev, som Vittal [14] bad om at komme her, er du ikke?" Den hengivne var lamslået og vidste, at han stod foran en stor sjæl. Men der var stadig en ting, han ikke kunne forstå, og det sagde han til den gamle mand: "Du er utvivlsomt et stort væsen, men jeg forstår ikke, hvordan du kan hvile med fødderne på en Lingam?" "Åh, befinder de sig der? Det vidste jeg ikke. Vær rar at flytte dem for mig. Jeg er for træt," sagde helgenen. Namdev løftede den gamle mands ben væk fra Lingamen og satte dem på gulvet, men til Namdevs store forbløffelse, viste der sig en Shiva Lingam

---

[14] Et af Herren Krishnas aspekter.

lige meget, hvor han satte dem. Namdev flyttede helgenens fødder forskellige steder hen, men hele tiden kom der en Shiva Lingam til syne præcis på det sted, som hans fødder rørte. Til sidst placerede Namdev dem i sit eget skød, og da han gjorde det, opnåede han selv Shiva tilstanden."

"Den sande *Mahatma* er selv Gud. Han har ikke brug for at gå hen til noget tempel eller helligt sted, fordi det sted, han befinder sig, er et tempel. Men nogle gange besøger han helligdomme blot for at udvise et eksempel for andre."

Amma besøgte templet for at glæde de hengivne. Da de ankom til templet gik de op og stod foran indgangen, hvor man tydeligt kunne se billedet af Devi, Den Hellige Moder, gennem den åbne gang, som førte op til templets alter. Da Moder så billedet af Devi gik Hun øjeblikkeligt ind i en *samadhi* tilstand, og Hun blev stående fuldkommen stille i mere end halvanden time. Familiemedlemmerne blev noget forskrækkede over det. Amma blev, hvor Hun var, og Hun var urokkelig som et bjerg. Det, som virkelig overraskede dem, var den stilling, Hun stod i. Amma stod i præcis den samme stilling, som den Guddommelige Moder inde i templet.

Familien tænkte over, hvordan de mon skulle få Amma tilbage til Sin normale, ydre bevidsthed, da en midaldrende kvinde pludselig nærmede sig. Der var et værdigt udtryk i hendes ansigt, og samtidig virkede hun dybt hengiven og oprigtig. I et kommanderende tonefald sagde Hun til familiens overhoved: "Kan du ikke se, at den (hun pegede på Devi inde i templet) og denne (så pegede Hun på Amma, som var i dyb *samadhi)* er den samme? Syng *Meenakshi Stotram!*" Kvindens ord var så autentiske, at familiens overhoved ligesom et lydigt barn spontant begyndte at synge den gamle sanskrit hymne til den Guddommelige Moder.

Meenakshi Stotram

Oh Sri Vidya
som pryder Shivas venstre side[15]
den Ene som tilbedes af kongernes Konge
som er legemliggørelsen af alle guruer
begyndende med Herren Vishnu
Chintamanis skat
ønskeopfyldende Guddommelige Perle
den Ene, hvis Fødder tilbedes af Gudinden
Saraswati
og af Girija Gudinden
Shambos hustru, Shivas Søde Hjerte
der stråler som solen midt på dagen,
datteren af Kongen Malyadwaja
frels mig, Oh Moder Meenakshi

Mens han chantede dette Stotram, var kvinden opslugt i dyb tilbedelse med lukkede øjne og håndfladerne samlede.

Efter få minutter vendte Amma tilbage til Sin normale tilstand, men Hun blev ved med at se det samme sted hen, mens Hun svajede lidt til siden. Hendes blik var stadig på Devi eller et eller andet sted; det var umuligt at sige præcist hvor. Så holdt familien omsider op med at chante.

Den ukendte kvinde, som havde bedt familien om at synge *Meenakshi Stotram,* lagde sig ved Ammas fødder og blev der i lang tid, indtil Amma bøjede sig og kærligt løftede hende op mod Sig. Ammas ansigt udstrålede en usædvanlig stærk grad af kærlighed, da Hun så ind i kvindens ansigt. Kvinden så ud som om, hun befandt sig i en lyksalighedstilstand. Amma blev ved med at se på hende i lang tid. Omsider lagde Hun blidt kvindens hoved på Sin skulder.

---

15 Dvs. som er Shivas hustru.

Kvinden græd lyksalig, mens hun hvilede sit hoved på Ammas skulder. Ingen vidste, hvem kvinden var, eller hvor hun var kommet fra. Det er blot en blandt utallige lignende begivenheder, som har fundet sted omkring Amma. Kvinden, som besøgte templet, fungerede i det øjeblik som en guddommelig budbringer, der ønskede at påminde alle, særligt familien om, at Amma er selve den Højeste Gudinde.

Tilknytning til en Satguru er tilknytning til Gud

Spørgsmål: "Amma, jeg undrer mig stadig over, om denne tilknytning til Mesterens ydre form er nødvendig eller om blot og bar længsel efter at realisere Gud er tilstrækkeligt for at nå det højeste mål."

Moder: "Børn, først og fremmest skal I huske, at tilknytningen til Mesteren er tilknytning til Gud. Problemet er, hvis man forsøger at skelne mellem Gud og den sande Mester. Tilknytningen til en sand Mesters fysiske form intensiverer ens længsel efter at realisere det Højeste. Det er som at leve sammen med Gud. Han gør ens spirituelle rejse langt lettere. En sådan Mester er både midlet og målet. Men samtidig bør der være en bevidst anstrengelse for at se Mesteren i hele skabelsen. Man må også gøre sit bedste for at adlyde Mesterens ord og følge Hans instruktioner."

"Hvem kan forestille sig, hvordan Gud eller den højeste tilstand af realisering er? De fleste har hørt om det og læst om det, det er alt. Men alt, hvad man hører og læser er kun ord. Erfaringen er noget langt hinsides. Det er et mysterium."

"Man kan ikke erfare tilstanden af Gudsbevidsthed alene gennem sanserne eller de skrifter, man har studeret. For at erfare det må man udvikle et nyt øje, det indre eller tredje øje. De to øjne man har på nuværende tidspunkt bør blive ét øje, for kun sådan kan man se Gud. Det betyder, at selv når man ser alt med begge øjne, skal man ikke se verden dualistisk. Al dualitet forsvinder, og man ser skabelsens enhed, hele universet. Det indre øje, eller den sande videns øje, kan kun åbnes af en sand Mester."

Ammas udtalelse minder om den Fuldkomne Mester Sri Krishnas belæring af sin discipel, Arjuna:

"Du kan ikke erfare Mig alene med de fysiske øjne. Derfor giver jeg dig den guddommelige visions kraft. Se Min Kraft som altings Herre."

Bhagavad Gita, kapitel 11, vers 8.

Amma fortsatte: "Man kan måske længes efter at realisere Gud, men det behøver ikke at vare så længe, fordi intensiteten svækkes, medmindre man er en meget kompetent studerende. Ens længsel vil komme og gå, den vil være meget ustabil. Selv når man er i stand til at opretholde sin længsel, kan man stadig have intense behov for at nyde verdens glæder. Man ved ikke, hvordan man skal skabe balance mellem den indre og den ydre verden. Hvis Mesteren ikke er der, og fra tid til anden guider en, vil man komme væk fra vejen, eller man kan rejse i den forkerte retning eller falde tilbage til verden. Så mister man al sin tro og tænker, at den Gudsbevidste og Selvrealiserede tilstand slet ikke findes."

"Tilknytningen til Mesterens ydre form er som *gopiernes* tilknytning til Krishnas form eller Hanumans tilknytning til Ramas form eller den tilknytning, som Buddhas og Jesus' disciple oplevede i forhold til deres Mester. Disse disciple levede med Gud. At leve i en sand Mesters fysiske nærhed og være knyttet til hans ydre form er at leve med og være knyttet til den Rene Bevidsthed eller det Højeste. Det inspirerer en og skaber en intens længsel indeni, og så vil man blive i stand til at fastholde intensiteten. Hvis man befinder sig i nærheden af Mesterens overvågenhed, vil man ikke kunne bevæge sig væk fra vejen, når man samtidig også har tro, overgivelse og lydighed over for Mesterens ord."

"At være knyttet til Satguruens eksterne form er som at have direkte kontakt med den Højeste Sandhed. Et sådant Stort Væsens nærvær er så fyldt med Guddommelighed, at man føler det i hjertet, at man ser det med egne øjene, og at man fornemmer det overalt. Det er den håndgribelige fornemmelse, som man erfarer i hele Mesterens væsen – når man ser ind i hans øjne, når man mærker hans berøring, når man observerer hans handlinger og lytter til hans ord."

"Alle ønsker at være knyttet til nogen; en kæreste, en mand eller en kone. Børn klynger sig til deres forældre og legetøj, eller de ønsker brødre og søstres selskab, og alle mennesker søger venner. Der findes utallige ting i verden, som kan holde det menneskelige sind travlt beskæftiget. Det er årsagen til, at virksomheder og forretningsmænd hele tiden producerer nye ting, man kan købe. I søgen efter glæde (det vil sig ud fra behovet for at stilne sindet) løber mennesker rundt og søger efter den ene ting efter den næste. Men de begynder hurtigt at kede sig ved den første ting, og så er de tvunget til at se sig om efter en ny. Denne søgen hører aldrig op."

"Når der kommer noget nyt på markedet, f.eks. når en ny film kommer på plakaten, så opstår der et ønske om at se den. Jo mere man hører om filmen, des mere ønsker man at se den. Og når ens ønske er blevet opfyldt, bliver sindets nagende murren stilnet i et stykke tid, indtil man hører om en ny film, eller noget andet. Sådan er sindets natur. Det kan ikke være stille, det kan ikke være alene på egen hånd og opleve glæde. Hvis det ikke kan knytte sig til noget, bliver det yderst rastløst. Mennesker lever i en fantasiverden og bygger luftkasteller. Hvis de ikke kan drømme, og hvis de ikke har noget at tænke på, kan de blive skøre eller begå selvmord."

"Man vil uvægerligt komme til at kede sig ved alle de ting og erfaringer, man får i verden. Man kan aldrig blive ved med det samme hen over længere tid. Man er nødt til at komme videre, fordi sindet hele tiden bevæger sig fra den ene ting til den næste.

Kedsomhed vil uvægerligt opstå i enhver verdslig situation. Det er årsagen til, at mennesker i Vesten prøver, hvordan de har det med forskellige kærester, mænd eller koner, huse eller byer. De ønsker at afprøve nye ting og nye forhold, fordi de hurtigt bliver trætte af det, som er gammelkendt. Sindet bliver tiltrukket af tusindvis af ting, og det trækker en i alle retninger."

"Fordi sindet svinger og er fyldt af negativitet, vil selv den spirituelle længsel, som man oplever på nuværende tidspunkt måske forsvinde. Det skyldes, at den nuværende længsel for realisering kommer fra sindet. En dag kan det pludselig forekomme kedeligt, fordi det er sindets natur at kede sig med alt, og fordi det altid ønsker sig noget nyt. Hvis man ikke har noget at holde sig til eller relatere sig til, vil man uvægerligt også komme til at kede sig ved det spirituelle liv."

"Hvis man skal stilne sindet og gøre det stabilt, er man nødt til at knytte sig til noget, der er højere end sindet. Sindet er det mest støjende sted i verden. Medmindre der er noget, som det kan meditere på eller kontemplere over, vil sindet ikke blive stille. Men objektet for ens meditation eller kontemplation skal ikke være noget velkendt, for så begynder sindet hurtigt at kede sig."

"Ens nuværende længsel efter Gudsrealisering kan måske bare være en tilknytning blandt mange andre tilknytninger. Man vil ikke kunne modstå stærkere fristelser gennem længere tid. I ens nuværende mentale tilstand er andre tilknytninger ofte langt stærkere end tilknytningen til Gudsrealisering. Længslen, som er opstået, kan stamme fra en ophidselse og tiltrækning, som er opstået i et særligt inspirerende øjeblik. Man den kan hurtigt dø ud, fordi kedsomhed uvægerligt opstår efter et stykke tid, medmindre man oplever noget, der trækker i en med endnu større og fristende kraft. Det, der trækker i en, stammer fra tilknytningen til Mesterens ydre form. Det er den tilknytning, som kan opveje alle de andre tilknytninger. Ved at være tiltrukket af og knyttet til Mesterens form vil man udvikle en speciel kraft til at modstå andre fristelser. Mesterens fysiske nærvær er gennemtrængt af Guddommelighed, så der er ingen chance for, at man kommer til at kede sig, fordi kedsomheden kun indfinder sig, når sindet beskæftiger sig med verdslige ting, erfaringer og ideer. Sindet keder sig hurtigt ved ydre ting, fordi sand glæde ikke kendetegner de ting, som hører til verden. En Satguru er derimod en kilde til evig lyksalighed og glæde. Selve hans væsen er udødelighed, og hvis man er tilstrækkeligt nysgerrig, vil man i hans nærvær kunne se uendeligheden udfolde sig på utallige måder. Derfor er det sjældent, at man keder sig, når man er i Mesterens nærvær. Han er inkarnationen af Guddommelighed; og kedsomheden indfinder sig ikke, hvis man er modtagelig over for hans nærvær, som er Guddommeligt. Tilknytningen til Mesterens fysiske form fylder disciplens hjerte med kærlighed, entusiasme, tilfredshed og en følelse af friskhed. Mesteren vil selv indgyde disse kvaliteter i disciplen. Så snart disciplen føler sig deprimeret og mister håbet, vil Mesteren gennem sin ubetingede kærlighed og medfølelse eller ved at give disciplen en inspirerende oplevelse, løfte ham ud af den negative tilstand og opmuntre ham til at fortsætte med fornyet beslutsomhed og entusiasme. Det bidrager til at stilne disciplens støjende sind og gøre det roligt, fordi en sand Mesters nærvær er det eneste sted, hvor et rastløst sind kan finde hvile for altid uden at kede sig."

"Spiritualitet er ikke et observerbart faktum, som solen og månen, bjergene og floderne. Spiritualitet er tro. Kun fuldkommen, udelt tro kan hjælpe en til at nå målet."

"Alle mennesker i verden er enten intellektuelle eller følelsesbetonede. Det er svært for intellektuelle at tro, fordi de kun tror på synlige ting. Da Gud er usynlig vil det kun afhænge af troen, om man tror på Hans eksistens, og tro er ikke en intellektuel proces. Selvom mennesker, der er følelsesbetonede, har lettere ved at tro, er det alligevel ikke let for dem at have fuldkommen tro. På grund af deres tvivlende sind vil de have en delvis tro på Gud, de tror delvist i stedet for helt og fuldt. Og så snart de begynder at kede sig, vil de se sig om efter andre ting, som de kan fæstne troen ved."

"Både intellektuelle og følelsesbetonede mennesker har behov for at se solide og synlige beviser på noget for at opbygge og styrke deres tro. De har brug for reelle erfaringer og håndgribelige oplevelser af det Guddommelige nærvær. Ellers udvikler de kun en mindre interesse og en mindre længsel efter at realisere Gud, og så vil de efter kort tid kunne sige: "Der er ingenting. Gud og Gudsrealisering findes ikke". Selvfølgelig findes problemet i deres eget sind og i deres manglende tålmodighed, men hvis de får noget, de kan relatere til, vil det hjælpe dem til at føle sig forsikrede og inspirerede. Det vil hjælpe dem til at blive ved det spirituelle liv og følge de spirituelle principper. Men det er kun muligt i en sand Mesters nærvær og ved at udvikle et personligt forhold til ham, og ved at skabe en tilknytning til hans ydre form. Ved at gøre det skaber man et forhold til Gud, den Højeste Bevidsthed, ens eget indre Selv. Det er ikke det samme som at knytte sig til et almindeligt individ; det er et forhold, som vil hjælpe en til at være frigjort under alle omstændigheder. Det forbereder ens sind til at tage det endelige spring ind i Gudsbevidsthed."

Alle de lyttende blev stille. Ammas kraftfulde ord syntes at give genlyd overalt, både i de lyttendes hjerter og i de ydre fysiske omgivelser. Der herskede en inspirerende meditativ stemning, og det var som om den gav alle en håndgribelig erfaring af det, Amma talte om – betydningen af *Mahatmaens* fysiske nærvær, vigtigheden af at føle sig knyttet til Hendes ydre form og nødvendigheden af at have et forhold til den fysiske inkarnation af det Guddommelige.

Kapitel 16

Amma, sjælens befrier

Amma sad sammen med nogle af beboerne og enkelte hengivne i kokospalmelunden foran templet. Amma talte med de hengivne, som holdt eget hus, om forskellige emner. Pludselig vendte Amma sig over mod Balu og sagde "Ottoormon (min søn, Ottoor) ønsker at se Amma. Tag ham med herhen." Balu rejste sig for at hente Ottoor. Ottoor opholdt sig i et værelse, der var blevet bygget specielt til ham, og som befandt sig lige ovenover de underjordiske meditationsceller bag det gamle tempel.

Ottoor Unni Nambootiripadu var en digter og lærd i sanskrit, som var meget kendt i Kerala. Han var en autoritet inden for studier af *Srimad Bhagavatam,* som hovedsageligt handler om Vishnus *Avatarer* og i særdeleshed om Herren Krishna og hans barndomslege. Ottoors smukke digte, som lovpriser Krishna, er berømte i hele Indien, og de er højt elskede og skattede blandt Krishnas hengivne. Som eksponent for *Srimad Bhagavatam* og begavet digter og forfatter har Ottoor modtaget mange titler og priser fra både lokale og centrale myndigheder i Indien. Han var en af de store Krishnahengivne og nært knyttet til det berømte Guruvayoor tempel i Kerala. Læseren kan få en fornemmelse af den velsignede digters vidunderlige kompositioner og store hengivenhed i den følgende sang, som hedder

Kannante Punya

Hvornår vil jeg høre lyden af Kannas lykkebringende navne i mit øre?
Og når jeg hører dem

hvornår vil jeg mærke håret rejse sig
og hvornår vil jeg være helt opløst i tårer?

Når jeg er opløst i tårer
hvornår vil jeg blive ren?
Og i denne tilstand af fuldkommen renhed
hvornår vil jeg spontant synge Hans Navne?

Og mens jeg ekstatisk synger
hvornår vil jeg glemme jorden og himlen?
Og når jeg har glemt alt
hvornår vil jeg danse af ren og skær hengivenhed?
Og vil mine dansetrin
feje al snavset fra verdens scene væk?

I den legende dans
som fejer alt snavset bort
vil min kalden være højlydt?
Vil min renhed
igennem denne kalden
blive sendt i de otte retninger?

Og når skuespillet er omme
hvornår vil jeg omsider
synke ned i min Moders skød?
Og når jeg ligger i min Moders skød
hvornår vil jeg sove lyksaligt?

Mens jeg sover
hvornår vil jeg drømme om Sri Krishnas smukke form
som findes i mit hjerte?
Og når jeg vågner
hvornår vil jeg se Sri Krishna
hele verdens Fortryller?

Denne sang blev skrevet af den store digter 25 år før vores Amma inkarnerede på jorden. Der findes en meget rørende og vidunderlig historie bag denne sang. Den illustrerer, hvordan den inkarnerede Gud opfylder en sand hengivens oprigtige og helhjertede bøn. I digtet finder vi ordene: "Og når skuespillet er omme, hvornår vil jeg omsider synke ned i min Moders skød? Og når jeg ligger i min Moders skød, hvornår vil jeg sove lyksaligt?"

Ottoor mødte Amma for første gang i 1983. Han var blevet inviteret med til Ammas 30 års fødselsdag. Ottoor havde ved et besøg i Trivandrum hørt om Amma fra en af Hendes hengivne. Han mærkede med det samme et intenst og spontant ønske om at møde Hende. Ottor havde en meget stærk oplevelse af, at Amma var den guddommelige inkarnation af den Højeste Gudinde og også af Herren Krishna, hans elskede guddom. Han kom derfor for at møde Amma på Hendes fødselsdag den 27. september 1983. Efter at Ottoor havde mødt Amma første gang, blev den 85 årige hengivne, digter og lærde mand som et barn på to år, som uophørligt krævede omsorg og opmærksomhed fra sin Mor. Han indså, at han omsider havde fundet det højeste mål. Han oplevede, at mødet med Amma fuldendte hans skæbne, og besluttede sig for at tilbringe resten af sit liv i Ammas nærvær. Fra da af begyndte han også at skrive digte til Amma. Forholdet mellem Amma og den 85 årige digter var unikt – noget meget specielt og usædvanligt smukt. Amma satte stor pris på, at han begyndte at opføre sig som et barn, og Hun gav ham kælenavnet "Unni Kanna" (Krishna baby).

Han plejede at spørge Amma om lov inden han gjorde noget som helst, akkurat som et barn. Hvis han ønskede at tage en bestemt medicin, fik han Hendes tilladelse til det, før han indtog den. Han spurgte sågar om tilladelse til at bruge en anden badesæbe eller ændre i sin kost. Han gjorde det kun, hvis Amma sagde ja. Ellers gjorde han aldrig noget andet. Nogle gange ville han have, at Amma skulle made ham. Andre gange ønskede Han at ligge i Hendes skød. Der var mange lejligheder, hvor man fra hans værelse hørte lyden af en højlydt kalden: "Amma! Amma!" Det skete hver gang han oplevede en stærk trang til at se Hende. Hvis Amma ved disse lejligheder tilfældigvis befandt sig i nærheden, plejede Hun at gå op og møde ham oppe på hans værelse. Hvis Amma var på Sit værelse og ikke i nærheden, plejede Hun at give ham noget *prasad* via Gayatri eller en anden budbringer. Amma, som var bevidst om, at han opførte sig som et barn, plejede at få ham til at komme hen til hytten, når hun gav *darshan* til de hengivne. Hun viste ham Sin overstrømmende kærlighed og hengivenhed og lod ham sidde meget tæt ved Hende. I disse øjeblikke glemte Ottoor sine lidelser, selvom han ellers altid ved andre lejligheder klagede over sin krops tilstand. Han elskede at sidde i nærheden af Amma. Ottoor plejede ofte at sige: "Jeg får så meget energi, når jeg sidder i nærheden af Amma."

Dette unikke Moder-barn forhold er hinsides intellektuel forståelse. At den 85-årige berømte digter kaldte Amma, som dengang kun var 30 år gammel for "Amma" kan være svært at fatte. Hvordan kan intellektet begribe sådant et mysterium? For Ottoor Unni Nambootiripadu var Amma både hans Guru og Gud. I Amma så han både Herren Krishna, hans elskede guddom, og Universets Moder. Det blev skildret klart i hans digte til Amma, som også indbefatter Ammas 108 Navne, som er skrevet af ham. Den følgende sang om Amma er skrevet af Ottoor.

Moder ved Ottoor Unni Nambootiripadu

Åh Moder
Du er inkarnationen af både Krishna og Kali
Åh Moder
Du velsigner verdener med Dit smil
og Din sang
med Dit blik, Din berøring og Din dans
med Din dejlige tale

med Dine Fødders berøring
og med Din kærligheds nektar

Åh Moder
som er den himmelske slyngplante
der muntert og gavmildt
skænker alle purusharthas
fra dharma til moksha
til alle sansende og ikke-sansende væsener
til Herren Brahman og til græsstrået

Åh Moder
som forbløffer de tre verdener
og overvælder alle mennesker
og bierne og fuglene
og ormene og træerne
med Din kærligheds brusende bølger

Ottoor havde kun ét ønske. Hver gang han modtog Ammas darshan, var hans eneste bøn til Hende: "Amma, må mit hoved hvile i Dit skød, når jeg tager min sidste udånding." Han gentog denne bøn meget inderligt hver gang han mødte Hende. Digteren chantede sin bøn så meget, at hans ønske var kendt af praktisk taget alle Ammas hengivne såvel som blandt hans egne beundrere.

Kort tid efter at Ottoor mødte Amma bosatte han sig fast i ashrammen. Han var meget lykkelig og tilfreds ved at opholde sig i ashrammen. Han plejede altid at sige: "Nu ved jeg, at Gud ikke har forladt mig, for jeg lever i Hans nærvær og jeg mærker varmen i Hans guddommelige kærlighed. Jeg plejede at føle en stor skuffelse over ikke at kunne være sammen med Krishna eller Chaitanya Mahaprabhu[16] elle nogle af de andre *Mahatmaer*. Men sådan har jeg det ikke længere, for jeg tror, at Amma er dem alle sammen."

---

[16] 1485-1535

Kort inden Ammas tredje verdensomrejse i 1989 blev Ottoors helbred betydeligt værre. Hans krop sygnede hen, og selv om Amma sørgede for, at han fik alle de nødvendige behandlinger, var Ottor ikke i stand til at komme sig. Han var meget svækket, og hans syn blev hurtigt dårligere. Da han ikke længere kunne se ordentligt, kunne han ikke skrive digte på samme måde, som han plejede, så i stedet for dikterede han dem til sin nevø, Narayanan, som også sørgede for den personlige pleje af Ottoor.

Selvom Ottoors fysiske tilstand blev værre, var der ingen forandring i hans uskyldige måde at opføre sig som et barn og den måde han forholdt sig til Amma. Hans velkendte bøn om at få lov til at dø i Ammas skød var blevet konstant. Da synet blev meget dårligt, sagde han til Amma: "Det er i orden, hvis Amma ønsker at fjerne mit ydre syn. Men Åh Guddommelige Moder af himlene, vis Din godhed, velsign Din tjener ved at fjerne det indre mørke og åbne det indre øje. Vis Din godhed, afvis ikke dette barns bøn til Dig."

Amma svarede ham kærligt: "Unni Kanna, vær ikke urolig! Det vil helt sikkert ske. Hvordan kan Amma afslå Din uskyldige bøn?"

Kun en uge før Amma rejste af sted på sin tredje verdensrejse blev Ottoors helbred pludselig betydeligt værre. Hans tilstand var alvorlig, og han var helt sengeliggende. Alle troede, at han snart ville dø. Ottoor var ikke bange for at dø. Hans eneste frygt var at han skulle dø, mens Amma var i udlandet. Han fortalte Amma om sin frygt og sagde: "Amma, jeg ved, at du findes overalt, og at Dit skød er så stort som universet. Alligevel beder jeg om at Du vil være fysisk tilstede, når jeg forlader kroppen. Hvis jeg dør, mens du er væk, vil mit ønske om at dø i Dit skød ikke blive opfyldt."

Amma kærtegnede ham ømt og svarede med fast overbevisning: "Nej, min søn, Unni Kanna, det vil ikke ske! Du kan være sikker på, at du først vil forlade kroppen, når Amma er kommet tilbage."

Det var en stor trøst for Ottoor. Fordi det var Amma, der selv havde forsikret ham om det, troede han nu på, at døden ikke kunne røre ham, før Amma kom tilbage.

Efter at Amma havde rejst rundt i verden i tre måneder, vendte Hun tilbage i august måned. Under rejsen havde Ottoor været i behandling hjemme hos en ayurvedisk læge, som også var meget passioneret i sin hengivenhed for Amma. Han passede meget godt på digteren, og Ottoors helbred blev lidt bedre, men kort tid efter blev det igen værre. Amma bad da Ottoor om at vende tilbage til ashrammen, fordi tiden hvor han skulle forlade kroppen nærmede sig.

Under Krishnas fødselsdag sad Ottoor nær Amma og deltog i alle festlighederne, som fandt sted. Dagen efter Krishnas fødelsdag var en Devi Bhava-dag. Bhava *darshan* sluttede klokken halv tre om morgenen, og hefter gik Amma hen til Ottoors værelse. Han var meget svag men også utrolig glad for at se Amma. Den store digter græd som et lille barn og bad til Amma: "Åh Amma, Universets Moder, kald mig tilbage! Vis Din godhed, kald mig tilbage til Dig hurtigt!" Som en moder sørger for sit barn, strøg Amma beroligende hen over digterens pande og bryst, og Hun kærtegnede hans hoved med overstrømmende kærlighed og medfølelse.

En hengiven havde samme dag givet en madras betrukket med silke i offergave til Amma. Hun bad nu Bri. Gayatri om at hente madrassen. Gayatri gik ud og kom hurtigt tilbage med madrassen. Amma løftede Ottoors tynde, skrøbelige krop ned fra sengen, og ligesom en moder bærer en baby i armene, holdt Amma Ottoor i Sine arme, mens Gayatri, Balu og Narayanan lagde den nye madras til rette. Da Ottoor oplevede Ammas uendelige medfølelse, udbrød han: "Åh Amma, Universets Moder, hvorfor giver Du så meget kærlighed og medfølelse til dette barn, som ikke er det værdigt? Åh Amma, Amma, Amma…"

Amma lagde ham blidt ned og sagde: "Unni Kanna, min søn, sov godt. Amma vil komme, når det er blevet morgen."

"Åh Amma, giv mig den evige søvn," svarede Ottoor. Amma så igen kærligt på Ottor før hun gik ud af hans værelse. Den nat dikterede digteren en sidste sang.

Unni sidste sang

Mens de behandlede mig og håbede på helbredelse
indrømmede lægerne deres nederlag
Alle mine slægtninge er fortvivlede
Åh Moder, læg mig ømt og kærligt i Dit skød
Frels mig og svigt mig aldrig

Åh Saradamani, Åh Sudhamani, Åh Hellige Moder
Læg mig kærligt i Dit bløde skød
Lad mig se Ambadis måne i Dit ansigt
Tøv ikke med at velsigne mig med udødelighed

Vis mig Onkel måne, Nandas søn
i Dit søde ansigt
og læg denne lille Kanna i Dit skød
Åh Moder, vug ham i søvn

Klokken syv næste morgen, fredag den 25. august 1989 kaldte Amma på Narayanan. Da han kom, sagde Hun, at Ottoor ville forlade kroppen inden for et par timer. Amma bad også Narayanan om at spørge sin onkel, om han ønskede, at hans legeme skulle begraves i ashrammen eller ved hans fødested. Narayanan gik tilbage til værelset og fortalte sin onkel, hvad Amma havde sagt. Selvom stemmen var meget spag, var Ottoors svar meget klart, og han understregede sine ord med en håndbevægelse: "Jeg vil begraves her i dette hellige land. Der findes ikke noget andet."

Ca. klokken 10 spurgte Ottoor Bri. Leela[17], som stod ved siden af ham, om hun ville kalde på Amma. Men Leela var ikke særlig opmærksom, for hun holdt noget medicin i hånden og var ved at forklare dosis til Narayanan. Til slut skubbede Ottoor kraftigt til hendes hånd og sagde: "Ikke mere medicin, gå ud og hent Amma!" Så gik Leela ud af værelset og i løbet af de næste par minutter så man tydeligt, hvordan Ottoors læber bevægede sig, mens han konstant chantede "Amma, Amma, Amma..." Under sin chanting kom Ottoor ind i en tilstand, der mindede om *samadhi*.

På det tidspunkt befandt Amma sig i Sit værelse. Da Leela kom hen til Hende, sagde hun til både Gayatri og Leela: "Om få minutter vil Ottoormon forlade sin krop. Men Amma skal ikke komme endnu. Nu er hans sind helt fokuseret på Amma. Den intense tanke vil kulminere med en tilstand af *layana* (sammensmeltning). Først når det sker, vil Amma gå hen til ham. Intensiteten ville blive nedsat, hvis Amma var gået hen til ham tidligere." Få sekunder senere gik Amma ud af sit værelse og hen til Ottoor sammen med Leela.

Amma kom ind i Ottoors værelse med et strålende smil i ansigtet, mens hun satte sig på sengen tæt ved Ottoor. Med en udsædvanlig stærk udstråling i Sit ansigt, blev Hun ved med at se på Sin Unni Kanna som om Hun sagde til ham: "Kom min søn. Min elskede Unni Kanna, kom og smelt sammen med Mig, din evige Amma." Som Amma tidligere havde forudsagt inde på sit værelse, lå Ottoor i en *layana* tilstand. Amma kærtegnede ham, og Hendes hænder strøg blidt hen over hans pande og bryst med overstrømmende kærlighed og medfølelse. Selvom Ottoor var i en *samadhi*-tilstand, forblev hans øjne halvt åbne. Der var intet tegn på nogen smerte eller kamp i hans ansigt. Man kunne tydeligt se, hvor fordybet og lyksalig han var. Amma nærmede sig langsomt hans hoved. Så løftede Hun det blidt og lagde det i Sit skød. Og mens Amma holdt

---

[17] Bri. Leela er i dag kendt som Swamini Atmaprana. Hun var tidligere praktiserende læge.

Sin elskede søns hoved i Sit skød, holdt Hun højre hånd på hans bryst og Hun blev ved med at se på hans ansigt.

Mens den store digter og hengivne, Ammas Unni Kanna, lå i Hendes kød, kærtegnede Hun blidt hans øjenlåg og lukkede dem for altid. Ottor forlod kroppen, og hans sjæl smeltede evigt sammen med Moderen. Amma bøjede sig og kyssede kærligt og hengivent hans pande.

Således blev den sidste linje i hans eget digt, Kannante Punya, som han havde skrevet femogtyve år inden Ammas inkarnation, opfyldt af den alt-medfølende Moder af Universet: "Og når skuespillet er omme, hvornår vil jeg omsider synke ned i min Moders skød? Og når jeg ligger i min Moders skød, hvornår vil jeg sove lyksaligt? Mens jeg sover, hvornår vil jeg drømme om Sri Krishnas smukke form som findes i mit hjerte? Og når jeg vågner hvornår vil jeg se Sri Krishna (hele) verdens fortryller?"

Denne begivenhed er et stærkt eksempel på, hvordan en *Satguru*, som er selveste Gud, opfylder hengivnes oprigtige ønsker.

En anden vigtig pointe i denne hændelse er Ammas svar til Ottoor, da han fortæller om sin frygt for at han skal forlade kroppen, mens Amma er på verdensomrejse. Som allerede nævnt svarede Hun: "Nej, min søn, Unni Kanna, det vil ikke ske! Du kan være sikker på, at du først vil forlade kroppen, når Amma er kommet tilbage."

Hvem kan give en sådan forsikring om, at et menneske ikke vil dø før et bestemt tidspunkt? Ammas svar lyder så kategorisk. Som om døden er fuldstændig under Hendes kontrol, siger Hun: "Du kan ikke røre Mit elskede barn, medmindre jeg tillader det." Og døden adlød Hende! Ifølge Ottoor er Amma Den Guddommelige Moder af Universet, som er den fulde manifestation af den absolutte Sandhed (Brahman); som er inkarnationen af eksistens, viden og lyksalighed; som i Sandhed er den Højeste Gudinde i menneskelige form." [18] Hvem andre end Amma kan befale over døden på denne

---

[18] Fra de 108 navne.

måde? Hvem andre end Gud kan give en sådan ordre? Det er kun den Ene, som er hinsides Døden som kan sige: "Stop og vent indtil Jeg fortæller dig hvornår." Er det ikke sådan, det skete her? Efter Ottoors død skrev N.V. Krishna Warrier, som er en berømt forfatter, linguist og lærd i Kerala, en nekrolog i en større avis. "Ottoor så den Universelle Moder i den unge Mata Amritanandamayi. Hun elskede den aldrende Ottor som sin egen søn. Det var et virkeligt unikt Moder-søn forhold."

Lad os nu vende tilbage til den eftermiddag få år før Ottoor forlod sin krop. Balu vendte tilbage til lunden med kokospalmer, mens han førte den gamle digter ved hånden. Med stor hengivenhed og ydmyghed knælede Ottoor ved Ammas fødder. Da han lagde sig ærbødigt ned foran Amma, sagde han: "Amma, Du vidste, at denne tjener ønskede at se Dig. Jeg længtes efter at være med Dig. Åh Amma, Du bad mig om at komme, fordi Du vidste, hvilket ønske, der var i mit hjerte. Amma, vis godhed, og sæt Dine Hellige Fødder på mit hoved." Amma lo og sagde: "Unni Kanna, nej, nej! De er fulde af støv og snavs." Med meget høj og overbevist stemme sagde Ottoor: "Hvad siger du? Beskidte? Dine fødder? Åh Amma, sig ikke sådan noget! Jeg ved, at støvet fra Dine fødder er tilstrækkeligt til at tilintetgøre al den uvidenhed, der findes i hele verden. Vis godhed og sæt Dine fødder på mit hoved, ellers vil jeg ikke rejse mig."

Til sidst var Amma nødt til at give efter for Ottors ønske, og Hun satte Sine fødder på hans hoved. Ottoor, den store hengivne, var betaget. Han gentog højlydt: "Anandoham, Dhanyoham, Anandoham" (Lyksalig er jeg, velsignet er jeg, lyksalig er jeg). Mens han chantede, tog han støvet fra Ammas fødder og smurte hele sin krop ind i det.

Ottoor knælede foran Amma, og Hun omfavnede ham kærligt. Den store digter så op på hende med samme uskyld som et barn og med tårer i øjnene sagde han: "Åh Amma, forlad aldrig dette barn. Lad mig altid være i Dit guddommelige nærvær."

ORDLISTE

ABHAYA MUDRA: Håndstilling, som indikerer overdragelse af frygtløshed.

ACHARA: Traditionelle helligholdelser.

ARATI: En lovprisende og tilbedende sang, hvor der ofres brændende kamfer, som ikke efterlader nogen overskydende rest, og hvor der ringes med en klokke ved slutningen. Tilbedelsen repræsenterer den fuldstændige ofring af egoet til Gud.

ATMA SHAKTI: Selvets eller Sjælens energi.

AVATAR: En Inkarnation af Gud.

BHAJAN: Hengiven sang.

BRAHMACHARI: En mandlig discipel som lever i cølibat og laver spirituelle praksisser.

BRAHMACHARINI: En kvindelig discipel som lever i cølibat og laver spirituelle praksisser.

DARSHAN: Audiens hos en hellig person eller guddom.

DHARMA: Retfærdighed og retskaffenhed, i overensstemmelse med Gudommelig Harmoni.

JAGRAT: Den vågne tilstand.

KIRTAN: Sang.

LALITA ASHTHOTTARA: Den Guddommelige Moder Sri Lalitas 108 navne.

LAYANA: Sammensmeltning med Gudsbevidsthed.

LEELA: En guddommelig leg, et guddommeligt skuespil, optrædende fænomener.

MAHATMA: Stor sjæl eller vis person.

MAYA: Illusion.

MOKSHA: Frigørelse fra fødslens og dødens cyklus.

MUDRA: Håndstilling, som indikerer mystiske sandheder.

NIRVANA: Befrielse fra fødslens og dødens cyklus.

PADA PUJA: Tilbedelse af Guds eller en helgens fødder.

PANCHAMRITAM: En sød marmeladeagtig substans, der ofres til Gud i hinduistiske templer.

PARASHAKTI: Den Højeste Energi eller Gudinde.

PEETHAM: Det hellige sæde, hvorpå Amma sidder under Devi Bhava.

PRALAYAGNI: Ilden ved den Universelle Opløsning, der finder sted ved skabelsens afslutning.

PRASAD: Helliggjort spiselig offergave, som deles ud ved tilbedelsesceremoniens afslutning.

PUJA: Tilbedelse ved ritual.

PUNYA: Fortjeneste, fortrin, værd, det modsatte af synd.

PURNAM: Fuldkommen eller perfekt.

PURUSHA: Maskulin væren, Ånden eller Gud.

PURUSHARTHAS: De fire formål med den menneskelige eksistens: rigdom, nydelse, retfærdighed og Befrielse.

RAJAS: Det aktive princip. En af naturens tre kvaliteter, der også er kendt under betegnelsen de tre gunaer.

SADHAK: En spirituelt søgende.

SADHANA: Spirituel praksis.

SAKSHI BHAVA: Tilstanden, hvor man forholder sig som et vidne.

SAMADHI: Sindets opslugthed af Virkeligheden eller Sandheden.

SANKALPA: Beslutning.

SANNYASIN: Et menneske, der har afgivet formelle løfter om afkald.

SARVASAKSHI: Vidne til alt.

SATVISK: Renhedens og sindsroens princip. En af naturens tre kvaliteter, der også er kendt under betegnelsen de tre gunaer.

SHIVA LINGAM. Symbol på Herren Shiva, som har en oval form.

SUSHUPTHI: Tilstanden af dyb, drømmeløs søvn.

SWAPNA: Drøm.

TAPAS: Askese, streng og hård enkelhed, som man vælger at gennemgå for at rense sig selv.

UPANISHADERNE: Den afsluttende del af Vedaerne eller Hindu skrifterne, som handler om beskaffenheden af den Absolutte Brahman, den Transcendente Virkelighed, det Sande Selv.

UTSAVAM: Festival.

VAHANA: Fartøj eller dyr man kan ride på.

VASANAS: Overskydende indtryk fra ting og handlinger, som man har oplevet, vaner.

VEDAS: De autoritative Hindu skrifter, betyder bogstaveligt "Viden".

YANTRA: Et mystisk diagram.

www.ingramcontent.com/pod-product-compliance
Lightning Source LLC
LaVergne TN
LVHW051730080426
835511LV00018B/2979